di
Hélène Arthus

revisione, traduzione e adattamento in italiano di
Laura Rossi Brunori

Assimil Italia s.a.s.
C.P. 80 - 10034 Chivasso (TO)
info@assimil.it

www.assimil.it

Introduzione

Se siete ancora principianti ma avete già qualche nozione di cinese, i 170 esercizi di questo quaderno vi rimetteranno in sella... al vostro cavallo cinese! Non abbiate fretta: procedete con la giusta andatura, al passo o al piccolo trotto, secondo il ritmo più adatto a voi. All'inizio di questo quaderno affronterete esercizi molto semplici, composti da poche parole. Proseguendo riuscirete a crearvi una piccola base di vocabolario che vi permetterà di completare gli esercizi senza dover necessariamente consultare il dizionario. A seconda delle vostre competenze, potrete scrivere utilizzando la trascrizione oppure direttamente i caratteri cinesi, a voi la scelta!

I 17 capitoli di questo quaderno vi condurranno attraverso un percorso che parte dai fondamenti della lingua per arrivare alla scoperta di alcune astuzie che vi permetteranno, ad esempio, di riconoscere le trappole della trascrizione pinyin, di creare una sequenza corretta di parole in cinese senza ricalcare la costruzione italiana e di padroneggiare la sintassi delle frasi di uso quotidiano. Infine, vi insegneremo a riconoscere i caratteri usati con maggiore frequenza.

Il quaderno vi dà anche la possibilità di autovalutarvi: dopo aver svolto ogni esercizio e verificato la soluzione (v. p. 122), disegnate l'espressione dell'icona che compare sulla destra: ☺ se la maggior parte delle risposte è esatta, 😐 se è corretta circa la metà, ☹ se lo è meno della metà. Alla fine di ciascun capitolo, riportate nello schema il numero di icone relative agli esercizi e, alla fine del quaderno, calcolate il totale riportando le icone dei capitoli nello schema generale di pagina 128!

Indice

1. Questo è cinese! 3-8	11. Giudizi e valutazioni 70-77
2. Tradurre o non tradurre il verbo essere? 9-15	12. Paragoni 78-85
3. Contare e cantare 16-22	13. Passato, presente, futuro 86-91
4. Tradurre il verbo avere 23-30	14. I complementi 92-97
5. Dove sei? 31-36	15. Verbi ausiliari 98-103
6. Dove vai? 37-43	16. Sensazioni, impressioni, pareri, sentimenti ... 104-110
7. Desiderio, volontà, intenzione 44-48	17. Gruppo nominale 111-118
8. Come? 49-55	Soluzioni 119-127
9. Quanto? 56-63	Autovalutazione 128
10. Cosa fai? 64-69	

1
Questo è cinese!

Capire il significato

Wang Yiwen: In cinese si legge il significato dei caratteri e non i suoni!

Anna: Che vuoi dire? Quando io leggo un testo in italiano, capisco anche il significato.

Wang: Sì, ma prima di tutto riconosci le lettere che formano dei suoni, delle sillabe e quindi delle parole. Ad esempio: t + u = tu; b + u + o + n + o = buono.

Anna: Anche il cinese si legge da sinistra verso destra, vero?

Wang: Sì, ma io non leggo nessuna lettera, perché noi non ne abbiamo!

Anna: E allora cosa leggi?

Wang: Dei caratteri che hanno un significato. Traccio cinque caratteri. Guarda:

马	力	一	你	我
cavallo	forza	uno	tu	io

1 Trovate il significato di ogni carattere osservando i suoi tratti:

一	力	你	马	我

QUESTO È CINESE! - 1

Memorizzare il suono

Anna: Ma Li mi ha detto che il suo cognome significa *cavallo*, è vero?

Wang Yiwen: Sì, è un cognome. E 马 *cavallo* si pronuncia **mǎ**.

Anna: Tu sai come pronunciare questo carattere perché sei cinese, ma io, senza vedere le lettere, come faccio a pronunciarlo?

Wang: A poco a poco imparerai ad associare a un determinato carattere un significato e un suono.

Anna: Ci proverò…

Wang: E utilizzerai la trascrizione pinyin per aiutarti a memorizzare.

Anna: Credo che il pinyin sia la trascrizione usata nella Repubblica Popolare Cinese.

Wang: Sì, e dall'ONU. Permette di scrivere i caratteri cinesi ad esempio con il computer o con il cellulare. Ma torniamo a noi…

2 Completate la tabella:

Suono	
你	nǐ
力	lì
我	wǒ
马	mǎ
一	yī

Caratterere	Pinyin	Significato
马	1.	
力	2.	
一	3.	
你	4.	
我	5.	

3 Osservate e traducete:

我妈	wǒ mā	*mia madre* (io madre)	你妈妈	nǐ māma	1.
我爸	wǒ bà	*mio padre*	你爸爸	nǐ bàba	2.
第八	dì bā	*l'ottavo/a*	第一	dì yī	3.
秘密	mìmì	*segreto*	我秘密	wǒ mìmì	4.
密码	mìmǎ	*codice segreto, PIN* (segreto numero)	我密码	wǒ mìmǎ	5.

1 - QUESTO È CINESE!

4 Stesso esercizio:

罗马的	Luómǎ de	di Roma, romano/a	罗马	Luómǎ	1.
爸妈	bàmā	papà e mamma	我爸妈	wǒ bàmā	2.
弟弟	dìdi	fratello minore	我弟弟	wǒ dìdi	3.
难	nán	difficile	难吗？	Nán ma?	4.
马力	Mǎ Lì	Ma Li (cognome e nome)	安娜	Ān Nà	5.

Le vocali a - o e le consonanti h - w

- La **a** del pinyin si pronuncia come in italiano *mamma*. Qundi **ān** si pronuncia come il nome italiano *Anna* e **nán** come in *banana*.
- La **o** del pinyin è sempre chiusa, come in *sole*.
- La **a** e la **o** possono essere combinate in **ao**, ma nel dittongo la **a** prevale sulla **o**: [aₒ].
- La **h** del pinyin si pronuncia emettendo aria, come nell'inglese *how*. Si scrive 好 **hǎo**, *buono, bene*, e si pronuncia [h'ao].
- La **w** si pronuncia u come in *uovo*.

5 Osservate i caratteri e completate il pinyin:

Caratteri	Significato	Pinyin e fonetica approssimativa italiana [ ]
你好。	Ciao	1. .... hǎo [h'ao].
马力，你好。	Ciao, Ma Li.	2. Mǎ Lì, ...
你好吗？	Come stai?	3. .... ma?
很好！	Bene!	4. Hěn [h'en] ....
你呢？	E tu?	5. .... ne?

Le vocali cinesi

In generale le vocali cinesi sono meno marcate rispetto alle vocali italiane. Ad esempio, le vocali delle particelle interrogative 吗？ **ma?** e 呢 **ne?** si pronunciano appena, socchiudendo leggermente le labbra.

6 Trovate l'ordine corretto delle parole poi, trascrivete in pinyin:

Ciao Wang Yiwen.	**Wáng/nǐ/Yīwén/hǎo**	1. ....
(Tu) Come stai?	**hǎo/nǐ/ma?**	2. ....
Tuo fratello minore come sta?	**hǎo/nǐ/dìdi/ma?**	3. ....
È difficile?	**ma?/nán**	4. ....
È difficile!	**hěn/nán!**	5. ....

La forma interrogativa

- La particella interrogativa 吗？ **ma?** si usa per formare una domanda e si colloca in fondo alla frase.
- La domanda e la risposta in cinese mantengono sempre lo stesso ordine dei componenti.

7 Trovate le giuste domande per le seguenti risposte:

Domande che terminano in 吗？ ma?	Risposte	
1. .... Ma Li è arrivato?	**Tā dào le.** [t' a dao lə] Lui è arrivato.	他到了。
2. .... (Tu) Come stai, Ma Li?	**Wǒ hěn hǎo.** Sto bene.	我很好。
3. .... L'italiano è difficile?	**Yìdàlìwén hěn nán!** L'italiano è difficile!	意大利文很难！
4. .... Più dell'inglese?	**Bǐ yīngwén nán.** Sì, più dell'inglese.	比英文难。
5. .... Vuoi impararlo?	**Yào xué.** [hsüe] Sì, voglio impararlo.	要学。

1 - QUESTO È CINESE!

Un carattere = una sillaba = un significato

- A ogni carattere corrispondono una sillaba e un significato principale.
- Alcuni caratteri, come ad esempio la particella interrogativa 吗 **ma?**, non hanno un vero e proprio significato, ma svolgono una funzione puramente grammaticale.
- Lo spazio tra ogni carattere è sempre lo stesso. La virgola e il punto occupano uno spazio ciascuno.

8 Scrivete la trascrizione sotto i caratteri. Avete ottenuto lo stesso numero di caratteri e di sillabe?

马力，你好。 | *Ciao Ma Li.*

1. ....

王一文，你好吗？ | *Wang Yiwen, come stai?*

2. ....

很好，你呢？ | *Molto bene, e tu?*

3. ....

我到罗马了！ | *Io sono arrivata/o a Roma!*

4. ....

你要学意大利文吗？ | *(Tu) Vuoi imparare l'italiano?*

5. ....

QUESTO È CINESE! - 1

Il tono = il suono di ogni sillaba

Anna: Pronto, Wang Yiwen? Ciao, ho quasi finito il primo capitolo.

Wang: Ti sei ricordata di soffiare dopo la lettera **h** del pinyin?

Anna: Sì. Ma quello che mi infastidisce sono tutti questi accenti!

Wang: Sono toni, vale a dire l'andamento melodico di ogni sillaba. Guarda l'esercizio 9. In alcuni dizionari online, ad esempio su infocina.net, puoi ascoltare il tono di ogni sillaba.

Anna: Provo e ti richiamo. 好吗？ **Hǎo ma?**, *D'accordo?*

Wang: 好！ **Hǎo!**, *D'accordo!*

9 Tracciate il primo tono:

Il **primo tono** è alto e costante, come il suono del diapason, e si pronuncia senza alcuna inflessione di voce. È rappresentato da ˉ. Ad esempio: **ā**; **ī**.

Le vocali ā e ī con il primo tono alto e costante			
ā	1. wǒ ma	*mia madre*	我妈
ān	2. An nà	*Anna*	安娜
bā	3. Balí	*Parigi*	巴黎
yī	4. dì yi	*il primo/la prima*	第一
tā	5. ta	*lui*	他

10 Tracciate il terzo tono:

Le vocali ǒ - ǐ - ǎ al terzo tono			
ǒ	1. wo	*io*	我
ǐ	2. ni	*tu*	你
ǎ	3. hao	*buono/a, bene*	好
ǎ	4. ma	*cavallo*	马
ǎ	5. fawén	*lingua francese*	法文

Il **terzo tono** è, al contrario, molto basso. Quando vedete una ˇ cominciate scendendo con la voce, poi risalite brevemente. Ad esempio: **ǒ**; **ǐ**; **ǎ**.

Complimenti, siete alla fine del capitolo 1! Ora è il momento di contare le faccine e di scrivere il risultato a pagina 128 per la valutazione finale.

Tradurre o non tradurre il verbo essere?

Le due pronunce della i in pinyin

- Nel capitolo 1 abbiamo pronunciato la **i** come in italiano. Ad esempio in 你 **nǐ** e 弟弟 **dìdi**.
- Tuttavia, dopo alcune consonanti o coppie di consonanti, la **i** si sente molto poco: basta lasciar passare solo un filo d'aria.
- Per adesso vediamo il caso della **i** del pinyin nel verbo 是 **shì** che significa *essere* e si pronuncia [sh], più o meno come nella parola "sci" senza la i.

1 Numerate le seguenti frasi per ricostruire il dialogo:

☐ 他是谁？
Tā shì shéi? [t' a sh shei] | *Lui chi è?*

☐ 我是安娜。
Wǒ shì [sh] **Ān nà.** | *Io sono Anna.*

☐ 你好。你是……？
Nǐ hǎo. Nǐ shì [sh] …? | *Ciao. Tu sei …?*

☐ 是我的老师。
Shì wǒ de lǎoshī. [lao sh] | *È il mio professore.*

☐ 他姓王。
Tā xìng Wáng. [t' a hsinᵍ uanᵍ] | *Si chiama / Il suo cognome è Wang.*

2 Indicate in quale caso, nelle frasi precedenti, la **i** è muta.

i come in italiano:	i muta:

TRADURRE O NON TRADURRE IL VERBO ESSERE? - 2

Identificare

- Il verbo 是 shì [sh] serve a identificare ed è seguito da un nome o da un pronome: *È questo/a o quello/a*; *Sono io*; *È lei* ecc.
- Non serve per localizzare. Ad esempio: *È qui*; *È là* ecc.
- Non si utilizza per qualificare. Ad esempio: *È difficile*; *È buono* ecc.

3 Trovate l'ordine delle parole senza spostare il sostituto interrogativo finale:

你是谁？
shì/nǐ/shéi? | *(Tu) Chi sei?*

1. ....

你是安娜吗？
Ān Nà/shì/nǐ/ma? | *(Tu) Sei Anna?*

2. ....

你的老师是谁？
nǐ de/shì/lǎoshī/shéi? | *Chi è il tuo/la tua professore/ssa?*

3. ....

是李老师吗？
Lǐ/shì/lǎoshī/ma? | *È il/la professor/essa Li?*

4. ....

是她吗？
shì/tā/ma? | *È lei?*

5. ....

4 Scrivete in pinyin queste coppie di caratteri con i toni:

你/他　　是/师　　马/吗　　好/老　　他/她

1. .... 2. .... 3. .... 4. .... 5. ....

Imparate ad aspirare dopo p - t - k

Nel capitolo 1 vi abbiamo insegnato a pronunciare la **h**, ad esempio nell'aggettivo **hǎo** [h'ao] *buono/a, bene*. Ecco tre consonanti aspirate, ossia che devono essere seguite da un'emissione di aria:

- La sillaba **pa** si pronuncia [p'a]. Se non aspirate, i cinesi capiranno **ba**.
- La sillaba **ta** si pronuncia [t'a]. Se non aspirate, i cinesi capiranno **da**.
- La sillaba **ke** si pronuncia [k'ə]. Se non aspirate, i cinesi capiranno **ge** [g'ə] come l'iniziale della parola *gatto*.

Quindi aspirate, aspirate, aspirate dopo **p - t - k**, altrimenti non vi capiranno!

2 - TRADURRE O NON TRADURRE IL VERBO ESSERE?

5 Cerchiate le parole in cui bisogna aspirare dopo la consonante iniziale:

第一课难吗？
Dì yī kè nán ma? [di yi k'ə nan ma]
La prima lezione è difficile?

不难。
Bù nán. [bu nan]
No. (Non è stata difficile)

你冷吗？
Nǐ lěng ma? [ni ləng ma]
Tu hai freddo?

很冷。
Hěn lěng. [h'en leng]
Molto freddo.

你怕冷吗？
Nǐ pà lěng ma? [ni p'a ləng ma]
Temi il freddo?

没关系。
Méi guānxi. [mei guan hsi]
Non importa.

你爱喝汤吗？
Nǐ ài hē tāng ma? [ni ai h'ə t'ang ma]
Ti piace (bere) la zuppa?

爱喝，你呢？
Ài hē, nǐ ne? [ai hə ni nə]
Sì, e a te?

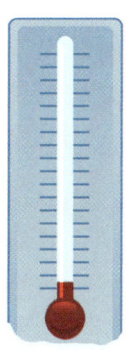

Il verbo attributivo

- Gli aggettivi cinesi fungono anche da verbo: 老 **lǎo** significa *vecchio/a, anziano/a* ma anche *essere vecchio/a, essere anziano/a*. Per cui non si deve utilizzare 是 **shì**, *essere*, davanti al verbo attributivo. Perché? Il verbo 是 **shì** serve a identificare, non a qualificare.

- I verbi attributivi hanno un valore comparativo, che si può neutralizzare facendoli precedere da una negazione, da un complemento di grado o da 很 **hěn**, *molto*. In questo caso, 很 **hěn** perde il suo significato e serve solo a specificare che il verbo ha valore descrittivo e non comparativo.

6 Cerchiate i verbi attributivi:

她好。 **Tā hǎo.** [t' ha h'ao] *Lei è più gentile.*

她很好。 **Tā hěn hǎo.** [t' ha h'en h'ao] *Lei è gentile.*

他不老。 **Tā bù lǎo.** [t' ha bu lao] *Lui non è vecchio.*

宝宝很可爱。 **Bǎobǎo hěn kě'ài.** [h'en k'ə ai] *Il bebè è grazioso.*

好看吗？ **Hǎokàn ma?** [h'ao k'an] *È bello?*

很好看。 **Hěn hǎokàn.** *Sì, è bello/a.*

很贵！ **Hěn guì!** [h'en guei] *È costoso/a!*

第一课不难。 **Dì yī kè bù nán.** [di yi k'ə bu nan] *La lezione 1 non è difficile.*

TRADURRE O NON TRADURRE IL VERBO ESSERE? - 2

Risposte negative

La negazione 不 **bù** [bu] si colloca davanti al verbo attributivo. Ma attenzione, ricordate che in Asia è considerato scortese contraddire l'interlocutore in maniera troppo diretta…

7 Cerchiate le risposte cortesi:

Quando vi chiedono:		Rispondete in modo cortese o scortese:	
好吗？	Hǎo ma? *D'accordo?*	不好。	**1.** Bù hǎo. *No. (Non va bene)*
你冷吗？	Nǐ lěng ma? *Tu hai freddo?*	不冷，你呢？	**2.** Bù lěng, nǐ ne? *No, e tu?*
难吗？	Nán ma? *È difficile?*	可以。	**3.** Kěyi. [k'ə yi] *Può andare.*
好看吗？	Hǎokàn ma? *È bello/a?*	不好看。	**4.** Bù hǎokàn. *No. (Non è bello/a)*

Il quarto tono, breve e discendente

- Il 4° tono è scritto con un tratto discendente \ su di una vocale. Non altera la vocale: non si tratta di un accento ma cambia il suono dell'intera sillaba. Confrontiamo i suoni:

- il 1° tono è una nota alta e continua: **lāāā**;

- il 4° tono scende bruscamente verso una nota bassa: **là**!

- In italiano abbiamo il 4° tono quando si parla in modo autoritario: *Posalo!* Mentre in cinese si tratta solamente di un tono che distingue la sillaba e la lega a un significato. Ad esempio:

    拉 **lā** significa *tirare*,   mentre 辣 **là** significa *piccante*;

    妈 **mā** *mamma*,   mentre 骂 **mà** *insultare*;

    八 **bā** *otto*,   mentre 爸 **bà** *papà* ecc.

- Il verbo essere 是 **shì** [sh] si pronuncia al 4° tono. La sua vocale **i** è neutra, per cui basta pronunciare [sh] senza vocale. In pinyin, **sh** si pronuncia come nelle parole *show* o *sci*.

2 - TRADURRE O NON TRADURRE IL VERBO ESSERE?

8 Trovate le parole o i gruppi di parole composte dalle seguenti sillabe al 4° tono:

Sillaba al 4° tono:	Nella parola:	Significato:
lì	es. Mǎ Lì	*Ma Li* (nome di persona)
dì	1.	
mì	2.	
bà	3.	
pà [p'a]	4.	
ài [ai]	5.	
bù [bu]	6.	
guì [guei]	7.	
kè [k'ə]	8.	
kàn [k'an]	9.	
shì [sh]	10.	

Presentare qualcosa o qualcuno

- 这是 **zhè shì** [djə sh] *questo/a è*, introduce ciò che viene presentato. Ad esempio mostrando una foto, direte:

  这是罗马。 **Zhè shì Luómǎ .** *Questa è Roma.*

- Per fare una differenza tra due cose, si può usare anche 那是 **nà shì** [na sh] *quello/a è*:

  这是罗马，那是柏林。 **Zhè shì Luómǎ, nà shì Bólín.**
  Questa è Roma, quella è Berlino.

- Per presentare qualcuno in modo formale si utilizza il classificatore di cortesia **wèi** dopo l'aggettivo dimostrativo: 这位是 **Zhè wèi shì.** *Le presento (Questa persona è).* Ad esempio:

  这位是我的中文老师。 **Zhè wèi shì wǒ de zhōngwén lǎoshī.**
  Le presento (Questa persona è) la mia/il mio insegnante di cinese.

TRADURRE O NON TRADURRE IL VERBO ESSERE? - 2

9 Trovate l'ordine corretto delle parole:

这是中文吗？是。 *Questo è cinese? Sì.*	ma / zhōngwén [djonᵍ–uen] / shì / zhè / shì 1.
这位是王一文。 *Ti presento Wang Yiwen.*	wèi / Wáng / zhè / shì / Yīwén 2.
安娜是你的意大利文老师吗？ *Anna è la tua professoressa di italiano?*	shì / nǐ de / Yìdàlì wén / lǎoshī / ma / Ān nà 3.
这是上海吗？ *Questa è Shanghai?*	Shànghǎi [shanᵍ h'ai] / ma / shì / zhè 4.
这是我爸妈，那是我妹妹。 *Questi sono mio padre e mia madre, quella è mia sorella minore.*	zhè / shì / shì / nà / wǒ / wǒ / mèimei / bàma 5.

Il secondo tono è ascendente

- Il 2° tono parte un po' più in basso rispetto al 1° tono e sale fino a raggiungerlo. Per iniziare ad abituarvi potete dividerlo in due note:

茶	chá ♪	[ch'a]	tè
文	wén ♪	[uen]	scrittura, lingua
人	rén ♪	[ren]	persona
国	guó ♪	[guo]	nazione
中国	Zhōngguó	[djonᵍ–guo]	la Cina

- Il 2° tono si traccia su di una vocale con un tratto ascendente ↗ ♪. Ricordate che non ha nulla a che vedere con l'accento

- Una regola importante: davanti a un 4° tono, la negazione 不 **bù** diventa **bú**. Passa quindi dal 4° tono discendente al 2° tono ascendente:

不多。	**Bù duō.**	[bu duo]	*Non ce n'è molto.*
不难。	**Bù nán.**	[bu nan]	*Non è difficile.*
不冷。	**Bù lěng.**	[bu lenᵍ]	*Non fa freddo.*
不是。	**Bú shì.**	[bu sh]	*No, non è (così).*

2 - TRADURRE O NON TRADURRE IL VERBO ESSERE?

10 Un giornalista della Televisione Centrale Cinese intervista un bambino italiano di origine cinese all'asilo:

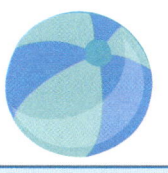

Domande del giornalista della CCTV:		Risposte brevi di Li Ming:
中国人多吗？	**Zhōngguórén duō ma?** [djonᵍ guo ren duo ma]	1. ....
你是中国人吗？	**Nǐ shì Zhōngguórén ma?** [ni sh djonᵍ guo ren ma]	2. ....
中文难吗？	**Zhōngwén nán ma?** [djonᵍ uen nan ma]	3. ....
你冷吗？	**Nǐ lěng ma?** [ni lenᵍ ma]	4. ....
你爱喝牛奶吗？	**Nǐ ài hē niúnǎi ma?** [ni ai h'ə niu nai ma]	5. ....

Complimenti, siete alla fine del capitolo 2! Ora è il momento di contare le faccine e di scrivere il risultato a pagina 128 per la valutazione finale.

3
Contare e cantare

Contare fino a 7 per dire l'anno

- 一 **yī** [yi] *un*o; 二 **èr** [ær] *due*; 三 **sān** [san] *tre*

In **èr** *due*, **è** non è un accento grave ma un 4° tono discendente. La vocale **e** si pronuncia qui come "le" in francese. La **r** finale ricorda un po' la pronuncia all'americana. Si pronuncia retroflettendo la lingua: la punta della lingua si curva verso il palato senza però toccarlo.

- 四 **sì** [s] *quattro*; 五 **wǔ** [u] *cinque*; 六 **liù** [liu] *sei*; 七 **qī** [tch'i] *sette*

- **i** è muta dopo **s**:   **sì**, si pronuncia [s] come se si leggesse solo la **s**;
- **i** è sonora dopo **q**:   **qī**, si pronuncia [tch'i] come in italiano m<u>i</u>ra;
- **u** si può pronunciare [u] o [ou]:   **wǔ** è una [u] molto lunga e **liù** si pronuncia [liou] con la u molto breve.

- *Zero* si dice 零 **líng** e *anno* si dice 年 **nián** [nien]. *L'anno 3001* si dirà quindi **sān líng líng yī nián** (*tre zero zero uno anno*). Gli anni in cinese si pronunciano una cifra alla volta, separatamente. Il calendario gregoriano, introdotto in Cina da un secolo, non ha lo stesso significato storico che in Occidente.

I Pronunciate, poi scrivete in pinyin:

2016年 ....

2017年 ....

2022年 ....

2034年 ....

3 - CONTARE E CANTARE

Contare fino a 12 per dire l'ora

- 七 **qī** [tch'i] *sette*, 八 **bā** *otto*, 九 **jiǔ** [jiou] *nove*.

Il pinyin utilizza le lettere **q** e **j** per due fonemi che non esistono in italiano.

- Per dire **qī**, aspirate forte [tch'i] e rimanete su un 1° tono alto e piatto.
- Per dire **jiǔ**, pronunciate [jiou] scendendo bene con la voce per il 3° tono.

- 十 **shí** [sh] *dieci*, 十一 **shí yī** [sh yi] *undici*, 十二 **shí èr** [sh ær] *dodici*.

- Conoscete la sillaba **shì** al 4° tono discendente nel verbo 是 *essere*.
- La vediamo qui al 2° tono ascendente e nel significato di 十 **shí** *dieci*.
- Di seguito viene **shí yī** (*dieci uno*) *undici*, **shí èr** (*dieci due*) *dodici* ecc. fino a 19.

- Sapendo che *ora* si dice 点 **diǎn** [dien], direte: 七点了。 **Qī diǎn le** [tch'i dien le] *Sono le sette* (in questo momento).

2 Leggete l'ora aiutandovi con l'esempio fornito:

07:10	**Qī diǎn shí fēn le.** (sette ore dieci minuti già)	Sono le sette e dieci.
08:00		Sono le otto.
09:12		Sono le nove e dodici.
10:00		Sono le dieci.
11:00		Sono le undici.
15:16	**Sān diǎn...**	Sono le tre/quindici e sedici.

CONTARE E CANTARE - 3

3 Trovate le corrispondenze:

1. **liù diǎn** [liou dien]
2. **èr líng wǔ líng nián** [nien]
3. **èr líng yī bā nián**
4. **qī** [tch'i] **diǎn shí fēn**
5. **sì** [s] **diǎn shí** [sh] **bā fēn**
6. **èr líng yī jiǔ nián**

A. 2018年
B. 16:18
C. 2019年
D. 18:00
E. 2050年
F. 07:10

I numeri ordinali

Per formare un numero ordinale bisogna aggiungere 第 **dì** davanti a una cifra o a un numero: 第一 **dì yī** *la prima, il primo*; 第二 **dì èr** *il/la secondo/a*, e così via.

4 Completate il pinyin con i toni:

第几课？	0. **dì jǐ kè?** [di ji k'ə]	*quale lezione?*
第一课	1. **dì yī kè**	*la prima lezione*
第二课	2.	*la seconda lezione*
第三课	3.	*la terza lezione*
第四课	4.	*la quarta lezione*
第五课	5.	*la quinta lezione*
第六课	6.	*la sesta lezione*
第一年	7. **dì yī nián** [nien]	*il primo anno*
第二年	8.	*il secondo anno*
第三点	9. **dì sān diǎn** [dien]	*il terzo punto*
第四点	10.	*il quarto punto*

3 - CONTARE E CANTARE

L'ordine dei componenti è fisso

- In cinese, l'ordine dei componenti della frase è fisso. Se tradurrete mantenendo l'ordine delle parole in italiano, nessuno vi capirà.

- Impariamo, innanzitutto, a collocare il riferimento temporale tra il soggetto e il verbo.

5 Traducete notando la diversa posizione del riferimento temporale in cinese e in italiano:

shàngwǔ [shanᵍ u]	la mattina
zhōngwǔ [djonᵍ u]	mezzogiorno
è [e]	aver fame
hē chá [h'ə tch'a]	bere tè
hē kāfēi [h'ə k'a fei]	bere caffè
chī fàn [tch' fan]	fare un pasto, mangiare

Sogg.	Riferimento temporale	Gruppo verbale	
我	上午 9:00	喝茶。	**es.** *Io bevo il tè alle 9 della mattina.*
Wǒ	shàngwǔ jiǔ diǎn	hē chá.	
我	11:00	喝咖啡。	1.
Wǒ	shí yī diǎn	hē kāfēi.	
我	中午	很饿。	2.
Wǒ	zhōngwǔ	hěn è.	
我	中午 13:00	吃饭。	3.
Wǒ	zhōngwǔ yī diǎn	chī fàn.	

Piccole astuzie per distinguere i caratteri

Quando, poco alla volta, inizierete a riconoscere i caratteri cinesi, in ognuno di essi sarà importante cercare di individuare:
- alcuni elementi grafici comuni;
- simmetrie e asimmetrie;
- la parte destra e quella sinistra;
- la parte alta e quella bassa.

CONTARE E CANTARE - 3

6 Ogni coppia di caratteri ha un elemento grafico in comune: quale?

我/饿	吃/喝	马/妈	饭/饿
1. wǒ / è io, mia/o / avere fame	**2. chī / hē** mangiare / bere	**3. mǎ / mā** cavallo / mamma	**4. fàn / è** pasto, riso / avere fame

文/这	你/他	他/她	吗/呢
5. wén / zhè segno / questo/a	**6. nǐ / tā** tu, tua/o / lui, sua/o	**7. tā / tā** lui, sua/o / lei, sua/o	**8. ma / ne** (particelle finali interrogative)

7 Individuate la differenza grafica tra le seguenti coppie:

弟/第	难/谁	九/几	文/这
1. dì / dì fratello minore / particella usata per i numeri ordinali	**2. nán / shéi** difficile / chi?	**3. jiǔ / jǐ** nove / quanti/e?	**4. wén / zhè** segno / questo/a

8 Quale carattere è comune a ciascuna coppia?

上午/中午   中午/中国   中文/意大利文

1. mattino / mezzogiorno
2. mezzogiorno / Cina
3. lingua cinese / lingua italiana

9 Classificate questi caratteri in simmetrici o asimmetrici:

是	八	点	十	一	年	六	王	国	不
shì	bā	diǎn	shí	yī	nián	liù	wáng	guó	bù
essere	otto	punto, ora	dieci	uno	anno	sei	re	nazione	no

Sono quasi simmetrici i caratteri…

....

....

Sono asimmetrici i caratteri…

....

....

3 - CONTARE E CANTARE

Il quadrato dei toni

Wang Yiwen: Pronto? Anna?

Anna: 是我。你好吗？ **Shì wǒ. Nǐ hǎo ma?** *Sì, sono io. Come stai?*

Wang: 很好，你呢？ **Hěn hǎo, nǐ ne?** *Bene, e tu?*

Anna: Vado avanti un passo alla volta...

Wang: Mi piace molto il modo di dire italiano: "fare qualcosa un passo alla volta"

Anna: E parlando sempre di modi di dire: è anche difficile stare al passo! Ci sono molte cose da ricordare: i quattro toni, i caratteri, i numeri, i riferimenti temporali... e chi più ne ha più ne metta.

Wang: Controlla i messaggi, ti ho inviato uno schemino dei quattro toni...

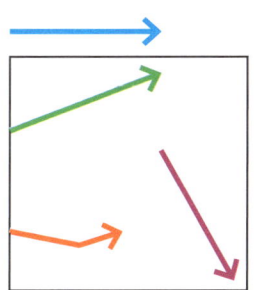

Il 1° tono è **alto e costante**

Il 2° tono **sale** verso il 1°

Il 3° è **basso e sale un po'** verso la fine

...e il 4° tono **scende verso il basso**

10 Dividete questi animali a seconda del tono:

牛 **niú** [niu] *mucca*

马 **mǎ** *cavallo*

蛇 **shé** *serpente*

鸡 **jī** [ji] *pollo*

象 **xiàng** [hsiang] *elefante*

羊 **yáng** *pecora*

鹿 **lù** [lu] *cervo*

1° tono .... 3° tono ....

2° tono .... 4° tono ....

CONTARE E CANTARE - 3

Il piccolo Li Ming non riesce a dormire, ha una canzoncina che gli frulla nella testa: i genitori spesso gliela cantano per insegnargli a contare		
1, 2, 3, 4, 5…	**Yī, èr, sān, sì, wǔ…**	[yi, ær, san, s, u]
上山打老虎，	**Shàng shān dǎ lǎohǔ,** (salire montagna colpire tigre) salgo sulla montagna per picchiare la tigre	[shanᵍ shan da lao h'u]
老虎打不到，	**lǎohǔ dǎ bu dào,** (tigre colpire non-riuscire) non riesco a picchiare la tigre	[lao h'u da bu dao]
打到小松鼠。	**dǎ dào xiǎo sōngshǔ.** (colpire piccolo scoiattolo) ma riesco a picchiare gli scoiattolini	[da dao hsiao sonᵍ shu]
松鼠有几个？	**Sōngshǔ yǒu jǐ ge?** (scoiattoli ci sono quanti?) quanti scoiattoli ci sono?	[sonᵍ shu yo'u ji g'ə]
让我数一数：	**Ràng wǒ shǔ yi shǔ:** (lasciami contare-contare) fammi contare un po'	[ran uo shu yi shu]
1, 2, 3, 4, 5…	**Yī, èr, sān, sì, wǔ…**	[yi, ær, san, s, u]
6, 7, 8, 9, 10…	**liù, qī, bā, jiǔ, shí…**	[liou, tch'i, ba, jiou, sh]

Dividete i numeri e le parole della canzone a seconda del tono:

1° tono: ‾ alto e costante	2° tono: ↗ ascendente	3° tono: ▼ basso	4° tono: ↘ discendente e breve

Complimenti, siete alla fine del capitolo 3! Ora è il momento di contare le faccine e di scrivere il risultato a pagina 128 per la valutazione finale.

Tradurre il verbo avere

Sì e no

- Il verbo *avere* si dice 有 **yǒu** [you]. Questo verbo ha una negazione specifica: 没 **méi** [mei]. Quindi, la negazione 不 **bù** [bu] che avete imparato non si usa con **yǒu** *avere*. Memorizzate bene questa tabella per evitare errori:

Affermativo		Negativo	
是	**shì** [sh] *essere, sì*	不是	**bú shì** *non essere, no*
有	**yǒu** [you] *avere, sì*	没有	**méi yǒu** *non avere, no*

- Questa diversa forma negativa è fondamentale perché per rispondere *sì* oppure *no* in cinese si tende a ripetere l'elemento verbale espresso nella domanda in forma affermativa o negativa.

1 Ripetete il verbo della domanda per rispondere sì e no:

Domande:		Sì.	No.
这是茶壶吗？ *Questa è una teiera?*	**Zhè shì cháhú ma?** [djə sh ch'a h'u ma]	是。 **Shì.** [sh]	不是。 **Bú shì.** [bu sh]
有绿茶吗？ *C'è del tè verde?*	**Yǒu lǜchá ma?** [you lü ch'a ma]	有。 **Yǒu.** [you]	没有。 **Méi yǒu.** [mei you]
有水壶吗？ *C'è un bollitore per l'acqua?*	**Yǒu shuǐ hú ma?** [you shuei h'u ma]	1.	2.
这是茶杯吗？ *Questa è una tazza da tè?*	**Zhè shì chábēi ma?** [djə sh ch'a bei ma]	3.	4.

TRADURRE IL VERBO AVERE - 4

2 Stesso esercizio:

Domande:		Sì.	No.
你喝红茶吗？ Tu bevi del tè (rosso)?	**Nǐ hē hóngchá ma?** [ni h'ə h'onᵍ ch'a ma]	喝。 **Hē.**	不喝。 **Bù hē.**
茶壶好看吗？ La teiera è bella?	**Cháhú hǎokàn ma?** [ch'a h'u h'ao k'an ma]	好看。 **Hǎokàn.**	不好看。 **Bù hǎokàn.**
绿茶贵吗？ Il tè verde è costoso?	**Lǜchá guì ma?** [lü ch'a guei ma]	1.	2.
你冷吗？ Tu hai freddo?	**Nǐ lěng ma?** [ni lenᵍ ma]	3.	4.
你懂吗？ Tu capisci?	**Nǐ dǒng ma?** [ni donᵍ ma]	5.	6.

Le vocali nasali

Wang Yiwen: 第四课难吗？ **Dì sì kè nán ma?** *La quarta lezione è difficile?*

Anna: 不太难，但是…… **Bú tài nán, dànshì…** *Non è troppo difficile, ma…*

Wang: 什么问题？ **Shénme wèntí?** *Qual è il problema?*

Anna: Nel pinyin vedo delle **g** alla fine di alcune parole, ad esempio **lěng** *avere freddo*, **dǒng** *capire*, o ancora **hóng** *rosso*.

Wang: Sì, questa **g** finale del pinyin non si pronuncia.

Anna: Perché allora si scrive?

Wang: **-ng** è una convenzione grafica per indicare che la vocale che precede è nasalizzata. In italiano le lettere si leggono tutte, ad esempio in ping-pong la "g" finale si pronuncia, non è vero?

Anna: Sì.

Wang: In cinese, no. Per far aspettare qualcuno si dice: **Děng yi děng**, *Aspetta un attimo*. La **e** è nasale, la **n** si pronuncia senza che la lingua tocchi il palato e la **g** non si pronuncia: [denᵍ]. Prova!

Anna: 懂了。 **Dǒng le!** [donᵍ le] *Capito!*

4 - TRADURRE IL VERBO AVERE

 Pronunciate questi vocaboli, poi collegate le risposte:

chī yú [ch' ü]	*mangiare pesce*
hē shuǐ [h'ə shuei]	*bere acqua*
děng [denᵍ]	*aspettare*
děng nǐ [denᵍ ni]	*ti aspetto*
kě [k'ə]	*avere sete*
hěn kě [h'en k'ə]	*avere sete*
lèi [leï]	*essere stanca/o*
yǒudiǎn lèi [you dien leï]	*essere un po' stanca/o*
shénme? [shen mə]	*cosa?*

我很渴，你有水吗？
1. Wǒ hěn kě, nǐ yǒu shuǐ ma?

累吗？
2. Lèi ma?

你吃什么？
3. Nǐ chī shénme?

我爱她。
4. Wǒ ài tā.

我中午12：00等你。
5. Wǒ zhōngwǔ shí èr diǎn děng nǐ, hǎo ma?

有点累，你呢？
A. Yǒudiǎn lèi, nǐ ne?

好。
B. Hǎo.

我吃鱼。
C. Wǒ chī yú.

有冷水。
D. Yǒu lěng shuǐ.

但是她不爱你……
E. Dànshi tā bú ài nǐ…

I dittonghi

- Osservate il dittongo del verbo avere 有 **yǒu** [iou]. Il 3° tono è indicato sulla prima vocale, che si pronuncia più chiaramente. La u, invece si pronuncia molto rapidamente.
- Abbiamo già visto altri dittonghi, come **uo** [uo] nelle parole **guó** *nazione* e **duō** *molto, numerose/i* oppure **ui** [uei] nelle parole **guì** [guei] e **shuǐ** [shuei]. Conoscete già la parola **duì** *giusto*. Si pronuncia [duei].

TRADURRE IL VERBO AVERE - 4

4 Individuate i dittonghi in questa frase e inserite le parole nella tabella sottostante:

李明说中国人很多很多，但他没有说中国人太多！对吗？

Lǐ Míng shuō Zhōngguórén hěn duō hěn duō, dàn tā méi yǒu shuō Zhōngguórén tài duō! Duì ma?

Li Ming ha detto che i cinesi sono tanti tanti, ma non ha detto che i cinesi sono troppi! Giusto?

uo [uo]	ou [ou]	ui [uei]	ai [aï]	ei [eï]
1.	4.	5.	6.	7.
2.				
3.				

5 Completate le frasi facendo attenzione ai dittonghi.

朋友	**péngyou** [p'əng you]	amico, amica
高楼	**gāolóu** [gao lou]	grattacielo
欧洲	**Ōuzhōu** [ou djou]	Europa
什么？	**shénme?**	cosa?
厕所	**cèsuǒ** [z'ə suo]	WC
德国	**Déguó** [də guo]	Germania

C'è un bagno?   1. Yǒu…   有__

Vi presento un'amica/un amico tedesca/o.   2. Zhè wèi shì…   这位是__

Li Ming, cosa dici?   3. Lǐ Míng, …   李明，__

È giusto? – Sì.   4. Duì ma? – …   对吗？__

Gli europei sono molti?   5. Ōuzhōurén…   欧洲人__

Ai cinesi piacciono i grattacieli?   6. Zhōngguórén ài…   中国人__

4 - TRADURRE IL VERBO AVERE

6 Pronunciate i vocaboli e poi completate il pinyin del dialogo:

míngtiān [mingᵍ t'ien]	domani
wǎnshang [uan shanᵍ]	sera
yǒu kòng [you konᵍ]	avere tempo libero (avere vuoto)
méi yǒu kòng	non avere tempo, essere impegnata/o
duìbuqǐ [duei bu tch'i]	scusi, scusa
méi guānxi [mei guan hsi]	non importa, non fa niente
zhōusān [djou san]	mercoledì (settimana tre)
yǒu shì [you sh]	avere da fare, essere impegnata/o
kěyi [k'ə yi]	si può fare, essere possibile
jiàn [djien]	vedere, vedersi, incontrarsi

甲：你明天晚上有空吗？

乙：对不起，没有空。

甲：没关系。

乙：你周三有事吗？

甲：没有，周三晚上八点可以。

乙：好，周三见。

甲：周三见。

1. Jiǎ: Nǐ míngtiān wǎnshang yǒu kòng ma?

2. Yǐ: ....
....

3. Jiǎ: Méi guānxi.

4. Yǐ: ....
....

5. Jiǎ: Méi yǒu, zhōusān wǎnshang bā diǎn kěyi.

6. Yǐ: ....
....

7. Jiǎ: Zhōusān jiàn.

TRADURRE IL VERBO AVERE - 4

La tastiera non basta!

Anna: Sai, mi sto abituando all'ordine delle parole in cinese.

Wang: 那好。 **Nà hǎo.** *Bene.* E il pinyin?

Anna: Ho ascoltato la pronuncia di alcuni dittonghi su yoyochinese.com (*video-based pinyin chart*) e controllato la mia pronuncia dei toni.

Wang: 好主意！ **Hǎo zhǔyì!** *Buona idea!* E sulla pronuncia delle lettere particolari?

Anna: In questo momento è la **x** che mi dà problemi.

Wang: Non mi stupisce, i giornalisti di tutto il mondo si sbagliano con il Sig. **X**! Ascolta, si tratta di un suono a metà tra "sh" e "s", tra "<u>s</u>cimmia" e "<u>s</u>eta": [hs].

Anna: Ma perché è stata scelta la lettera **x** per trascrivere il suono [hs]?

Wang: Beh, non ci sono abbastanza consonanti sulla tastiera per trascrivere il cinese!

---

7 Associate ogni domanda a ciò che la persona vuole sapere:

Domande:

1. 有水吗？
2. 有鱼吗？
3. 你有空吗？
4. 有问题吗？
5. 安娜有中国朋友吗？
6. 没有厕所吗？
7. 有人吗？
8. 有什么汤？

La persona vuole sapere…

- A. se c'è qualcuno
- B. se c'è un bagno
- C. se Anna ha degli amici cinesi
- D. se c'è del pesce
- E. quali zuppe ci sono
- F. se c'è acqua
- G. se c'è un problema o una domanda
- H. se l'interlocutore è libero o no

4 - TRADURRE IL VERBO AVERE

La I come in sì

In cinese quando la **i** segue le consonanti **j – q – x – y** del pinyin, si pronuncia come nel "s**ì**" italiano:

    ji [ji]   **qi** [tch'i]   **xi** [hsi] **yi** [yi]

8 Scrivete il pinyin:

几点了？	1. .... [ji dien lə]	Che ore sono?
七点一刻。	2. .... [tch'i dien yi k'ə]	Le sette e un quarto.
谢谢。	3. .... [hsie hsie]	Grazie.
不客气。	4. .... [bu k'ə tch'i]	Prego. (non sia formale)
有人喝咖啡。	5. .... [h'ə k'a fei]	Alcune persone bevono il caffè.

9 Cerchiate la sillaba dove la i è muta:

wèntí	sì	shì	Lǐ Míng	guānxi	hǎo zhǔyì
domanda	quattro	essere	(n. proprio)	relazione	buona idea
Mǎ Lì	**Bālí**	**Wáng Yīwén**	**nǐ**	**dìdi**	**kèqi**
(n. proprio)	Parigi	(n. proprio)	tu, tuo	fratello minore	cortese
dì yī	**míngtiān**	**méi yǒu**	**liù**	**jiǔ**	**nián**
il primo	domani	non avere	sei	nove	anno
chī fàn	**líng**	**diǎn**	**ài**	**lèi**	**shí**
mangiare	zero	ora	amare	stanco	dieci

TRADURRE IL VERBO AVERE - 4

10 Rispondete utilizzando la negazione corretta:

	不 bù/bú	没 méi
有问题吗？ 1. Yǒu wèntí ma?	☐	☐
你是马力吗？ 2. Nǐ shì Mǎ Lì ma?	☐	☐
你累吗？ 3. Nǐ lèi ma?	☐	☐
谢谢你。 4. Xièxie nǐ.	☐	☐
对不起。 5. Duìbuqǐ.	☐	☐
你懂吗？ 6. Nǐ dǒng ma?	☐	☐
明天有空吗？ 7. Míngtiān yǒu kòng ma?	☐	☐
对吗？ 8. Duì ma?	☐	☐
你怕什么？ 9. Nǐ pà shénme?	☐	☐
太难了！ 10. Tài nán le!	☐	☐
你是德国人吗？ 11. Nǐ shì Déguórén ma?	☐	☐
宝宝喝茶吗？ 12. Bǎobǎo hē chá ma?	☐	☐

Complimenti, siete alla fine del capitolo 4! Ora è il momento di contare le faccine e di scrivere il risultato a pagina 128 per la valutazione finale.

5
Dove sei?

Localizzare

- Il **verbo** 在 **zài** [zai] serve a localizzare e significa *trovarsi, stare, essere in un luogo*, o anche *essere presente*. Il suo carattere include un elemento grafico che richiama il *suolo*, la *terra*, 土 **tǔ**.

- Attenzione: il verbo 是 **shì** serve a identificare e non a localizzare. Confrontate le seguenti frasi:

– 是北京。 **Shì Běijīng.** [sh Bei jing] *È Pechino.*

– 在北京。 **Zài Běijīng.** [zai Bei jing] *È a Pechino / Si trova a Pechino.*

1 Ordinate le frasi per ricostruire questa telefonata tra due amici. Quindi ricopiate le frasi in pinyin nell'ordine corretto:

☐ 我在家。 | *Io sono a casa*
Wǒ zài jiā [zai jia].

☐ 你在家做什么？ | *Cosa fai a casa?*
Nǐ zài jiā zuò [zuo] **shénme?**

☐ 喂？马力？ | *Pronto? Ma Li?*
Wéi? Mǎ Lì?

☐ 是我。你好。 | *Sono io. Ciao.*
Shì wǒ. Nǐ hǎo.

☐ 你在哪里？ | *Dove sei?*
Nǐ zài nǎli?

☐ 工作。 | *Lavoro.*
Gōngzuò [gong zuo].

☐ 那你过来喝杯咖啡吧 | *Allora vieni a bere una tazza di caffè.*
Nà nǐ guò lái [guo lai] **hē bēi kāfēi ba...**

1. ....
2. ....
3. ....
4. ....
5. ....
6. ....
7. ....

31

Attenzione alla Z!

- Nel pinyin, **z** è stata scelta per trascrivere il suono [z], come in zeta. Compare in due verbi molto comuni: 在 **zài** [zaï] *trovarsi (in un luogo)* e 做 **zuò** [zuo] *fare*.
- Invece il suono [dj], come in *giallo*, ma con la lingua retroflessa, è trascritto **zh** in pinyin. Lo abbiamo già incontrato in **Zhōngguó** [djonᵍguo] *Cina*, e in **zhè** [djə] *questo/a*.

2 Classificate queste parole in base alla pronuncia dell'iniziale:

L'iniziale si pronuncia:	住 **zhù** *abitare*	在 **zài** *trovarsi*	坐 **zuò** *sedersi*	找 **zhǎo** *cercare*	这里 **zhèli** *qui*
[dj] come in *giallo*	X				
[z] come in *zio*					

3 Riordinate i componenti delle frasi e riscrivetele:

找谁您
zhǎo nín shéi | *Chi cerca?*

1. ....

吗在王大夫
ma zài Wáng Dàifu | *C'è la dottoressa / il dottor Wang?*

2. ....

请坐在
qǐng zuò zài | *Sì. Si sieda per favore.*

3. ....

5 - DOVE SEI?

4 Sottolineate ciò che distingue graficamente queste sei coppie di caratteri:

我/找	哪?/那	大/太	你/您	住/在	大/夫
wǒ/zhǎo	**nǎ?/nà**	**dà/tài**	**nǐ/nín**	**zhù/zài**	**dài /fū**
io/cercare	quale?/ quella/o	grande/ troppo	tu/Lei	abitare/trovarsi	grande/ maestra/o

Dove sono?

- Avete una cartina della città in mano, ma non sapete dove vi trovate esattamente. Mostrate la cartina a un passante e chiedete:

  我在哪里? **Wǒ zài nǎli?**　oppure　我在哪儿? **Wǒ zài nǎr?**

- In entrambi i casi si tratta della stessa domanda "Dove sono?". Ma 哪里 **nǎli** si usa soprattutto nel sud della Cina, e 哪儿 **nǎr** nel nord. Se per voi **nǎli** è più facile da pronunciare, allora siete del sud!

5 Associate ogni situazione a una frase per interpellare un passante:

1. ◯ Salutare qualcuno della vostra generazione o più giovane.
2. ◯ Salutare rispettosamente.
3. ◯ Salutare più persone.
4. ◯ Fare una domanda.
5. ◯ Non si sa rispondere.
6. ◯ Risposta di cortesia.
7. ◯ Ringraziare.
8. ◯ Salutare prima di partire.

A. 请问 **Qǐng wèn** | Mi scusi, volevo chiederLe

B. 我不知道。 **Wǒ bù zhīdào.** | Non lo so.

C. 谢谢。 **Xièxie.** | Grazie.

D. 你好。 **Nǐ hǎo.** | Ciao.

E. 您好。 **Nín hǎo.** | Buongiorno Sig./Sig.ra.

F. 再见。 **Zài jiàn.** | Arrivederci.

G. 你们好。 **Nímen hǎo.** | Ciao a tutte/i.

H. 没关系。 **Méi guānxi.** | Non importa.

DOVE SEI? - 5

6 Inserite il pinyin delle frasi 3, 5 e 8 in questo dialogo:

1. 甲：您好。 | Buongiorno.
   Jiǎ: Nín hǎo.

2. 乙：你好。 | Ciao.
   Yǐ: Nǐ hǎo.

3. 甲：请问，我在哪里？ | Mi scusi, mi sa dire dove sono?
   Jiǎ: ....

   乙：我看看你的地图……我们在这里。 | Guardiamo un po' sulla tua cartina… Noi siamo qui.
4. **Yǐ: Wǒ kàn kan nǐ de dìtú… Wǒmen zài zhèli.**

   甲：谢谢。 | Grazie.
5. **Jiǎ:** ....

   乙：不谢。 | Di nulla.
6. **Yǐ: Bú xiè.**

   甲：再见。 | Arrivederci.
7. **Jiǎ: Zài jiàn.**

   乙：再见。 | Arrivederci.
8. **Yǐ:** ....

7 Completate queste sei domande con le opzioni dei riquadri di destra:

1. 您找
   Nín zhǎo ....

2. 王一文
   Wáng Yīwén ....

3. 你住在北京
   Nǐ zhù zài Běijing ....

4. 你住在这里
   Nǐ zhù zài zhèli ....

5. 请问您住在
   Qǐng wèn nín zhù zài ....

6. 你知道
   Nǐ zhīdào ....

在吗?
zài ma?

吗?
ma?

哪儿?
nǎr?

谁?
shéi?

5 - DOVE SEI?

Come si usa 在 zài?

- Il verbo **zài** consente di informarsi sul luogo: 在哪里？**Zài nǎli?** 在哪儿？**Zài nǎr?** *Dov'è? Dove si trova?*

- Permette anche di indicare il luogo dove ci si trova: **zài jiā** *essere a casa*, **zài Shànghǎi** *a Shanghai* o il luogo in cui si abita: **zhù zài Luómǎ**, *abitare a Roma*.

- Lo troverete anche davanti a un verbo principale per introdurre il luogo dove si svolge l'azione: **Nǐ zài nǎr gōngzuò?** *Dove lavori?* Proprio per questa possibilità di ricorrere in posizione subordinata rispetto a un altro verbo, questa e altre forme verbali vengono spesso tradotte con una preposizione.

8 Sareste in grado di chiedere in modo informale a qualcuno...?

1. se è a Pechino →
2. dove si trova →
3. se è a casa →
4. cosa sta facendo a casa →
5. se è libera/o / se ha tempo →
6. di venire a prendere un tè →

9 Sapreste rivolgervi a un passante per chiedergli un'informazione in modo formale?

1. dicendo buongiorno →
2. facendo una domanda per chiedere un'informazione →
3. dicendo che non sapete dove vi trovate →
4. ringraziando e salutando per andare via →

DOVE SEI? - 5

10 Chiedete a una persona che non conoscete (della vostra età o più anziana/o)...

1. cosa cerca ➜ ....
2. chi cerca ➜ ....
3. dove abita ➜ ....
4. se sa dove abitate ➜ ....

Complimenti, siete alla fine del capitolo 5! Ora è il momento di contare le faccine e di scrivere il risultato a pagina 128 per la valutazione finale.

Dove vai?

Andare a

- Il verbo 去qù [tch'ü] *andare* è sempre seguito seguito da un luogo:

    你去哪儿？　　　我去机场。
    Nǐ qù nǎr?　　　**Wǒ qù jīchǎng.** [tch'ü ji ch'anᵍ]
    Dove vai?　　　*Vado all'aeroporto.*

- 去qù [tch'ü] *andare* è totalmente incompatibile con il verbo 在 **zài** *trovarsi*: non si può andare in un luogo se ci si trova già in quel luogo!

1 Rispondete con l'aiuto di questo vocabolario:

药店	**yàodiàn** [yao dien]	*farmacia*
超市	**chāoshì** [ch'ao sh]	*supermercato*
停车场	**tíngchēchǎng** [t'inᵍ chə ch'anᵍ]	*parcheggio*
邮局	**yóujú** [you jü]	*posta*
旅馆	**lǚguǎn** [lü guanᵍ]	*albergo, hotel*
旅行社	**lǚxíngshè** [lü hsinᵍ sh]	*agenzia di viaggio*
菜场	**càichǎng** [z'ai ch'anᵍ]	*mercato*
书店	**shūdiàn** [shu dien]	*libreria*

你们去哪儿？
Nǐmen qù nǎr? [nimen tch'ü nar]
Dove andate?

我去____，她去____
Wǒ qù… , tā qù…
Io vado a / Lei va a

Attenzione alla Q!

- In pinyin, la lettera **q** [tch'] trascrive un fonema da pronunciare come nell'italiano *ciuffo* ma con la punta della lingua sulla punta degli incisivi superiori e aspirando bene. Pensate a "E... cciù" (starnuto).

- Quando **q** è seguita da una **i**, questa si pronuncia come in italiano: **qī** [tch'i] *sette*, mentre, se a seguire è una u, si pronuncerà impostando le labbra come per dire u, ma pronunciando, invece, una i: **qù** [tch'ü] *andare*.

2 Trovate le parole che iniziano per **q** [tch'] nel dialogo e riportatele qui sotto:

1. ....
2. ....
3. ....
4. ....

请问，哪里有商店？
Qǐng [tch'ing] **wèn, nǎli yǒu shāngdiàn** [shang dien]**?**
– *Mi scusi, dove ci sono dei negozi?*

前边有超市。
Qiánbian [tch'ien bien] **yǒu chāoshì** [ch'ao sh].
– *Più avanti c'è un supermercato.*

哪里？远吗？
Nǎli? Yuǎn [üan] **ma?**
– *Dove? È lontano?*

不远。我也去买东西，一起去吧。
Bù yuǎn. Wǒ yě [ye] **qù mǎi dōngxi** [dong hsi]**, yiqǐ** [yi tch'i] **qù ba.**
– *Non è lontano. Anche io vado a fare la spesa, andiamoci insieme.*

好，谢谢。
Hǎo, xièxie [hsie hsie].
– *Bene, grazie.*

Andare a fare qualcosa

去 **qù** *andare* può essere seguito da un'azione come in italiano: soggetto + 去 **qù** + azione. Ad esempio:

我去买东西。
Wǒ qù mǎi dōngxi.
[uo tch'ü mai dong hsi]
Vado a fare compere.

6 - DOVE VAI?

3 Completate le frasi:

买	**mǎi**	comprare
拿	**ná**	prendere
喝	**hē** [h'ə]	bere
工作	**gōngzuò** [gongzuo]	lavorare
东西	**dōngxi** [donghsi]	cose / oggetti
票	**piào**	biglietto
地图	**dìtú** [di t'u]	cartina / mappa
水果	**shuǐguǒ** [shuei guo]	frutta

1. 我去 _____
   Wǒ qù _____ | Vado a prendere delle cose.

2. 你去 _____ 吧。
   Nǐ qù _____ **ba.** | Vai a comprare della frutta.

3. 他去 _____
   Tā qù _____ | Lui va a bere un tè.

4. 我们去 _____
   Wǒmen qù _____ | Noi andiamo a comprare dei biglietti.

5. 谁去 _____
   Shéi qù _____ | Chi va a compare una cartina?

6. 我去 _____
   Wǒ qù _____ | Io vado a lavorare.

Andare a fare qualcosa in qualche luogo

In cinese bisogna esprimere prima il luogo in cui si va e poi l'azione che si va a compiere:
soggetto + qù + luogo + azione. Ad esempio:

我去超市买东西。
Wǒ qù chāoshì mǎi dōngxi. [uo tch'ü ch'ao sh mai dong hsi]
(io andare supermercato comprare cose)
Vado a fare la spesa al supermercato.

4 Abbinate una risposta a ogni domanda:

1. 你去哪儿买东西？
   Nǐ qù nǎr mǎi dōngxi?

2. 你是不是去菜场买水果？
   Nǐ shì bu shi qù càichǎng mǎi shuǐguǒ?

3. 你们去书店买什么？
   Nǐmen qù shūdiàn mǎi shénme?

4. 你去停车场做什么？
   Nǐ qù tíngchēchǎng zuò shénme?

A. 买地图。
   Mǎi dìtú.

B. 去超市。
   Qù chāoshì.

C. 我去拿东西。
   Wǒ qù ná dōngxi.

D. 是的。
   Shì de.

5 Traducete le frasi seguendo l'ordine cinese dei componenti:

soggetto + 去 **qù** + luogo + verbo + 一些 **yìxiē** + complemento

1. Vado a comprare delle medicine in farmacia.
   → ....

2. Vado a comprare delle mele al negozio.
   → ....

3. Vado in camera a prendere dei vestiti.
   → ....

4. Vado a guardare un po' di là.
   → ....

药	yào	medicina
药店	yàodiàn	farmacia
苹果	píngguǒ	mela
衣服	yīfu	vestito
那边	nàbiān [na bien]	là
房间	fángjiān [fangⁿ jien]	stanza
商店	shāngdiàn [shangⁿ dien]	negozio
一些	yìxiē [yi hsie]	alcune/i

6 - DOVE VAI?

Caratteri ricorrenti

Una combinazione di più sillabe è un insieme di caratteri e di significati. Per facilitare la memorizzazione è importante ricordare i caratteri che ricorrono in diverse combinazioni. Ad esempio:

茶 **chá** *tè*		茶馆 **cháguǎn** *casa da tè*	
饭 **fàn** *riso, pasto*		饭馆 **fànguǎn** *ristorante*	
旅行 **lǚxíng** *viaggiare*		旅馆 **lǚguǎn** *albergo, hotel*	

6 Cerchiate il carattere in comune in ogni colonna:

1.	2.	3.	4.	5.	6.
旅馆 *albergo*	旅行 *viaggiare*	水果 *frutta*	药店 *farmacia*	商店 *negozio*	菜场 *mercato*
茶馆 *casa da tè*	旅行社 *agenzia di viaggi*	苹果 *mela*	吃药 *prendere una medicina*	书店 *libreria*	机场 *aeroporto*
饭馆 *ristorante*	旅馆 *albergo*	果汁 *succo di frutta*	中药 *medicina cinese*	药店 *farmacia*	停车场 *parcheggio*

7 Completate questa tabella dopo aver eseguito l'esercizio 6:

	1. 场	2. 馆	3. 药	4. 果	5. 店	6. 旅
Pinyin con il tono						
Significato						

DOVE VAI? - 6

8 Scegliete la risposta giusta tra quelle proposte:

fùjìn	vicino, nelle vicinanze
xiǎng	volere, desiderare
péngyou	amica/o

请问，附近哪儿有药店？
1. Qǐng wèn, fùjìn nǎr yǒu yàodiàn?

你想去中国吗？
2. Nǐ xiǎng qù Zhōngguó ma?

您几点去机场？
3. Nín jǐ diǎn qù jīchǎng?

我去朋友家吃饭。
4. Wǒ qù péngyou jiā chī fàn.

一起去菜场，好不好？
5. Yìqǐ qù càichǎng, hǎo bu hǎo?

1. Colei/ui che parla
    A. è un/a medico/a **B.** è una/o straniera/o **C.** chiede un'informazione
2. Mi chiede se
    A. sono cinese **B.** voglio viaggiare **C.** conosco la Cina
3. Qualcuno
    A. cerca l'aeroporto **B.** chiede che ore sono **C.** chiede a che ora parto
4. Colei/ui che parla
    A. ha fame **B.** dice cosa farà **C.** dice cosa ha fatto
5. Voi proponete
    A. di andare al mercato **B.** delle buone verdure **C.** di stare insieme

9 Trovate l'ordine normale del pinyin:

你在哪个饭店？
In quale albergo sei?

fàndiàn/zài/nǎ ge/nǐ
1. ....

你去了哪儿？
Dove sei andata/o?

nǎr/nǐ/qù le/
2. ....

我请你吃饭。
Ti invito a mangiare.

wǒ/nǐ/fàn/qǐng/chī
3. ....

你住朋友家吗？
Alloggi a casa di amici?

zhù/nǐ/ma/péngyou/jiā
4. ....

在饭馆见吧。
Ci vediamo al ristorante.

jiàn/zài/fànguǎn ba
5. ....

我家没有停车场，停车很难。
A casa mia non c'è un parcheggio, parcheggiare la macchina è difficile.

méi/wǒ/jiā/tíngchēchǎng/yǒu/ hěn/tíng chē/nán
6. ....

6 - DOVE VAI?

Facciamo ordine!

Wang: 好久不见。 **Hǎo jiǔ bú jiàn.** *È da tanto che non ci vediamo.*
Anna: 我学中文很忙。 **Wǒ xué zhōngwén hěn máng.** *Lo studio del cinese mi occupa molto.*
Wang: Hai finito il capitolo 4?
Anna: Ho già finito il capitolo 6!
Wang: 你真快！ **Nǐ zhēn kuài!** *Stai procedendo veloce!*
Anna: Sì, ma quando vado troppo veloce, sbaglio l'ordine dei componenti nella frase…

10 Inserite nelle frasi le parole in blu:

在
zài   你住朋友家吗？   *Alloggi a casa di amici?*
            1. ....

昨天
zuótiān 你去了哪儿？   *Dove sei andata/o ieri?*
            2. ....

想
xiǎng   我请你吃饭。   *Vorrei invitarti a mangiare.*
            3. ....

住
zhù   你在哪个饭店？   *In quale hotel alloggi?*
            4. ....

吧
ba   我们在饭馆见。   *Ci vediamo al ristorante, va bene?*
            5. ....

吃饭
chī fàn 我今天在家。   *Mangio a casa oggi.*
            6. ....

明天
míngtiān 我去你家。   *Verrò da te domani.*
            7. ....

附近
fùjìn   我家有停车场，停车很方便。   *C'è un parcheggio vicino a casa mia, parcheggiare la macchina è facile.*
            8. ....

Complimenti, siete alla fine del capitolo 6! Ora è il momento di contare le faccine e di scrivere il risultato a pagina 128 per la valutazione finale.

Desiderio, volontà, intenzione

Vorrei e Voglio

- Il desiderio e la voglia di fare qualcosa si esprime spesso con il verbo ausiliare 想 **xiǎng**, *vorrei, desidererei, mi piacerebbe.*

- Gli avverbi 也 **yě**, *anche*, e 很 **hěn**, *molto*, si collocano davanti a questo ausiliare: *anche a me piacerebbe molto*

    你也想学中文吗？ 　　　　　　 我也很想学中文。
    Nǐ yě xiǎng xué zhōngwén ma?　　**Wǒ yě hěn xiǎng xué zhongwén.**
    Anche tu vorresti imparare il cinese?　– *Sì, anche a me piacerebbe molto imparare il cinese.*

- L'ausiliare 要 **yào**, *volere*, esprime la volontà, ma anche l'intenzione di fare qualcosa nel futuro:

    你要去中国吗？ 　　　　　 我明年要去。
    Nǐ yào qù Zhōngguó ma?　　**Wǒ míngnián yào qù.**
    Vuoi andare in Cina?　– *Ci andrò il prossimo anno.*

I Completate le frasi utilizzando gli avverbi nei riquadri:

不太 **bú tài** *non troppo*　　也 **yě** *anche*　　也很 **yě hěn** *anche molto*　　很 **hěn** *molto*

我__想去上海看看，你呢？　　1. Wǒ ...... xiǎng qù Shànghǎi kàn kan, nǐ ne?
她__想住纽约，你呢？　　　　2. Tā ...... xiǎng zhù Niǔ Yuē, nǐ ne?
你想去北京，我__想去。　　　3. Nǐ xiǎng qù Běijīng, wǒ ...... xiǎng qù.

La vocale E del pinyin

- Quando si trova alla fine della sillaba, si pronuncia [ə] socchiudendo le labbra come per pronunciare una "o", ma pronunciando, invece, una "e". Es.: 了 **le**; 的 **de**; 呢 **ne**; 车 **che** [ch'ə] *auto*.

- Si pronuncia [e] come in "m<u>e</u>la" dopo **y, i, u**. Es.: 也 **yě** *anche*; 一些 **yìxiē** [yi hsie] *alcune/i, dei/delle*; 学 **xué** [hsüe] *studiare*.

- All'interno della sillaba, si pronuncia tra [e] e [ə]. Es.: 很 **hěn** [hen] *molto*; **lěng** [lenᵍ] *freddo*.

7 - DESIDERIO, VOLONTÀ, INTENZIONE

2 Pronunciate le diverse **e** del pinyin, poi completate la traduzione:

[e] come in "mela":
我也想学一些汉字。

Wǒ yě [ye] **xiǎng xué** [hsüe] **yìxiē** [yi hsie] **hànzì** [h'an z].
1. ➜ ....
caratteri cinesi.

[ə] come in francese "le":
你的车呢？坏了吗？

Nǐ de chē [ch'ə] **ne? Huài le ma?**
2. ➜ ....
.... È rotta?

[e] come in "aerei":
我没去过北京。
我很忙。

Wǒ méi [meï] **qù guo Běijīng. Wǒ hěn máng.**
3. ➜ Non sono mai ....
Sono ....

3 Numerate le risposte per ricostuire il dialogo:

是吗？ ☐ **Shì ma?** (essere **ma**?) *È vero?*

忙什么？ ☐ **Máng shénme?** (occupata/o cosa?)

你好吗？ ☐ **Nǐ hǎo ma?** (tu bene **ma**?)

我也很忙。 ☐ **Wǒ yě hěn máng.** (io anche molto occupata/o)

是的。 ☐ **Shì de.** (essere **de**) *Sì.*

学中文。 ☐ **Xué zhōngwén.** (studiare cinese)

好久不见。 ☐ **Hǎo jiǔ bú jiàn.** (ben lungo-tempo neg. incontrarsi)

要看。 ☐ **Yào kàn.** (voler vedere) *Sì.*

我很好，可是很忙。
你呢？
☐ **Wǒ hěn hǎo, kěshi hěn máng. Nǐ ne?**
(io molto bene, ma molto occupata/o. tu **ne**?)

我的中文书你要看吗？ ☐ **Wǒ de zhōngwén shū nǐ yào kàn ma?**
(io **de** cinese libro tu volere vedere **ma**?)

DESIDERIO, VOLONTÀ, INTENZIONE - 7

4 In quale casella del pinyin classifichereste le parole della colonna di sinistra?

Pinyin:	1. e	2. e	3. en	4. an	5. ang	6. iang	7. ian
Pronuncia:	[e]	[ə/e]	[en]	[an]	[anᵍ]	[ianᵍ]	[ien]
A. *il cinese* B. *molto*							
C. *studiare* D. *anche* E. *qualche* F. *New York*							
G. *auto* H. *ma*							
I. *essere occupata/o*							
J. *aver voglia di*							
K. *vedere*							
L. *guardare*							

5 Cosa sapreste dire?

1. Jia chiede a Yi dove andranno domani.
2. Yi chiede a Jia dove vorrebbe andare.
3. Jia vorrebbe fare acquisti.
4. Yi chiede cosa vorrebbe comprare Jia.
5. Jia non lo sa.
6. Yi si stupisce che Jia voglia fare acquisti senza sapere cosa vuole comprare…
7. Jia dice di saperlo, ma non ha abbastanza soldi.

6 Ecco lo stesso dialogo: cosa manca?

1. 甲：明天 .... 去哪里 ？
2. 乙：你 .... 哪儿 ？
3. 甲：我想 .... 买东西。
4. 乙：你 .... 买什么 ？
5. 甲：我 .... 知道。
6. 乙：你不知道你 .... 买什么？
7. 甲：知道，.................................... 我没有钱。

7 - DESIDERIO, VOLONTÀ, INTENZIONE

7 Trovate l'intruso e gli omofoni per ogni serie:

Serie 1:

要	药	好	老	高	有
yào	yào	hǎo	lǎo	gāo	yǒu
volere	medicina	buono, bene	vecchio, anziano	alto, elevato	avere

Serie 2:

见	前	钱	想	天	年
jiàn	qián	qián	xiǎng	tiān	nián
vedere	davanti, prima	soldi	volere, desiderare	cielo, giorno	anno

8 Associate ogni personaggio al suo progetto:

xué hǎo	studiare bene
tàn qīn	andare a trovare la famiglia
bāngzhù	aiutare
hái xiǎo	ancora piccola/o
míngnián	il prossimo anno
jiānglái	in futuro

hé	e, con, in compagnia di
bàmā	genitori
yìshù	arte
Yìdàlìwén	italiano (lingua)
Yìdàlì	Italia
Lín Xiǎoméi	(nome femminile)

1. 安娜要__
   Ān Nà yào…

2. 李明还小，可是他要和__
   Lǐ Míng hái xiǎo, kěshi tā yào hé…

3. 王一文很想帮助__
   Wáng Yīwén hěn xiǎng bāngzhù…

4. 林小梅学艺术，她想学意大利文，…
   Lín Xiǎoméi xué yìshù, tā xiǎng xué Yìdàlìwén, …

A. 安娜学中文。
   Ān Nà xué zhōngwén.

B. 学好中文。
   xué hǎo zhōngwén.

C. 将来去意大利。
   jiānglái qù Yìdàlì.

D. 爸妈去中国探亲。
   bà mā qù Zhōngguó tàn qīn.

DESIDERIO, VOLONTÀ, INTENZIONE - 7

9 Seguite lo schema 1-2-3-4 per esprimere ad alta voce un'intenzione:

1 Pronome soggetto	2 Rif. temporale	3 Verbo ausiliare	4 Azione
我 **Wǒ** *Io*	将来 **jiānglái** [jiang laï] *in futuro*	要 **yào** *vorrei*	去东南亚 **qù** [tch'ü] **Dōngnányà** *andare nel sud est asiatico*

1 Pronomi soggetto	
我	**wǒ** *io*
你	**nǐ** *tu*
他	**tā** *lui*
她	**tā** *lei*
我们	**wǒmen** *noi*
你们	**nǐmen** *voi*
他们	**tāmen** *essi*
她们	**tāmen** *esse*

3 Verbo ausiliare	
要	**yào** *volere*
想	**xiǎng** *desiderare*
不要	**bú yào** *non volere*
不想	**bù xiǎng** *non desiderare*

2 Riferimento temporale	
将来	**jiānglái** *più tardi*
明年	**míngnián** *l'anno prossimo*
现在就	**xiànzài jiù** *adesso*
过几年	**guò jǐ nián** *tra qualche anno*

4 Azione	
去亚洲	**qù yàzhōu** [tch'ü ya djou] *andare in Asia*
结婚	**jié hūn** [jie h'un] *sposarsi*
回家	**huí jiā** [h'uei jia] *tornare a casa*
发财	**fā cái** [fa z'ai] *fare fortuna, arricchirsi*
退休	**tuìxiū** [t'uei hsiu] *andare in pensione*
找工作	**zhǎo gōngzuò** [djao gong zuo] *cercare un lavoro*
买新的手机	**mǎi xīn de shǒujī** [mai hsin de shou ji] *comprare un cellulare nuovo*
交朋友	**jiāo péngyou** [jiao peng iou] *fare amicizia*

Complimenti, siete alla fine del capitolo 7! Ora è il momento di contare le faccine e di scrivere il risultato a pagina 128 per la valutazione finale.

8
Come?

Come?

L'interrogativo 怎么样？ **zěnmeyàng?** [zen mə ianᵍ] si trova principalmente in fine di frase:

北京怎么样？ 你怎么样？
Běijīng zěnmeyàng? **Nǐ zěnmeyàng?**
Com'è Pechino? *Come stai?*

 Trasformate queste domande utilizzando 怎么样？ **zěnmeyàng?**

Wang Yiwen mi ha detto di lasciare il soggetto all'inizio della frase e di togliere il 吗？ **ma?** perché 怎么样？ **zěnmeyàng?** è un sostituto interrogativo. Bene, proviamoci …

天气好吗？
Tiānqì [t'ien tch'i] **hǎo ma?**
(tempo buono)

1. → ....
   ....

你们好不好？
Nǐmen hǎo bu hǎo?
(voi bene neg. bene)

2. → ....
   ....

中文难吗
Zhōngwén nán ma?
(cinese difficile)

3. → ....
   ....

你爸爸身体好吗？
Nǐ bàba shēntǐ [shen t'i] **hǎo ma?**
(tu papà salute bene)

4. → ....
   ....

Il tono neutro

Una sillaba al tono neutro non ha accenti sulle vocali, che si sentono appena. Sono al tono neutro:
– le particelle finali interrogative come 吗 **ma?**, 呢 **ne?**;
– le particelle grammaticali come 了 **le**, 的 **de**;
– il suffisso 们 **men** dei pronomi personali come in 我们 **wǒmen**;
– le sillabe pronunciate rapidamente, come ad esempio: 好不好？ **hǎo bu hǎo?**; 什么？ **shénme?**; 怎么样？ **zěnmeyàng?**

2 Date il vostro parere nello stesso ordine della domanda:

你觉得北京怎么样？
Nǐ juéde [jüe də] **Běijīng** [bei jinᵍ] **zěnmeyàng?**
(tu trovare Pechino come?)
Come ti sembra Pechino?

→ ....
....

我觉得 **Wǒ juéde** *Mi sembra / Trovo (che)*	北京 **Běijīng** [bei jinᵍ] *Pechino*	很有意思。 **hěn yǒu yìsi** [yi s']. *sia molto interessante.*
	学意大利语 **xué Yìdàlì yǔ** [yi da li ü] *studiare l'italiano*	有点难。 **yǒudiǎn** [you dien] **nán.** *sia un po' difficile.*
	西班牙广场 **Xībānyá guǎngchǎng** *Piazza di Spagna*	不太方便。 **bú tài fāngbian.** [bu t'ai fangᵍ bien] *non sia/siano molto comodo/i.*
	交通 **jiāotōng** *i trasporti*	好看。 **hǎokàn.** [h'ao k'an] *sia molto bello/a.*

Come?

Mi scusi?

Gli italiani usano spesso "Come?" per far ripetere qualcosa all'interlocutore quando non hanno capito. In cinese, invece si usa un'altra formula:

您说什么？ **Nín shuō shénme?** (Lei dire cosa?)
Come?/Cosa ha detto?

8 - COME?

3 Associate queste frasi per imparare a chiedere al vostro interlocutore di ripetere:

1. 我没听清楚。
   Wǒ méi tīng qīngchu [t'in⁹ tch'in⁹ ch'u].

2. 对不起，我没听懂。
   Duì bu qǐ [duei bu tch'i], **wǒ méi tīng dǒng.**

3. 什么？不可能。
   Shénme? Bù kěnéng [bu k'e nen⁹].

A. Cosa? Non è possibile.

B. Mi scusi, non ho capito.

C. Non ho capito bene.

Che ne dici?

Alla fine della frase, l'interrogativo 怎么样？ **zěnmeyàng?** equivale spesso a *Che ne dici?* Serve a proporre qualcosa:

七点了，吃饺子怎么样？
Qī diǎn le, chī jiǎozi [tch' jiao z] **zěnmeyàng?**
Sono le sette, andiamo a mangiare i ravioli, che ne dici?

4 Proponete un'attività:

吃中餐	chī zhōngcān [tch' djon⁹ z'an]	mangiare cinese
出去玩	chū qù wán [ch'u tch'ü uan]	uscire a divertirsi
踢足球	tī zúqiú [t'i zu tch'iou]	giocare a calcio
今天晚上	jīntiān wǎnshang [jin t'ien uan shan⁹]	stasera (oggi sera)
帮助	bāngzhù [ban⁹ dju]	aiutare
意大利语	Yìdàlì yǔ [yi da li ü]	lingua italiana
一起	yìqǐ [yi tch'i]	insieme

1. Proponete di mangiare cinese.
   ➔ ....

2. Stasera vorreste uscire, ditelo a un amico:
   ➔ ....

3. Anna ha incontrato Lin Xiaomei e le propone di aiutarla a studiare italiano.
   ➔ ....

4. Li Ming piange perché non andrà in Cina con i suoi genitori: è ancora troppo piccolo. Il papà allora gli propone di giocare a calcio insieme…

➜ ....

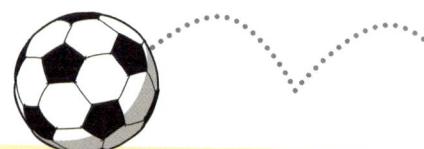

Come fare?

La modalità o il mezzo con cui si svolge l'azione si colloca prima del verbo principale. Nella frase interrogativa si usa il sostituto interrogativo 怎么？ **zěnme?** *come? con quale mezzo?* Si tratta di un'abbreviazione di 怎么样？ **zěnmeyàng?** Ad esempio:

马力病了，怎么办？ **Mǎ Lì bìng le, zěnme bàn?**
Ma Li si è ammalata, come si fa?

5 Collegate problemi e soluzioni:

1. 威士忌，怎么喝？
   Wēishìjì (whisky) **zěnme hē?**

2. 马力病了，怎么办？
   Mǎ Lì bìng le, zěnme bàn?

3. 你没有车，怎么去？
   Nǐ méi yǒu chē, zěnme qù?

4. 大夫不在，怎么办？
   Dàifu bú zài, zěnme bàn?

A. 去急诊吧。
   Qù jízhěn ba. *(andare urgenza consulto part. ba)*

B. 干杯！
   Gān bēi! *(secco bicchiere)*

C. 去看病。
   Qù kàn bìng. *(andare controllare malattia)*

D. 走路吧。
   Zǒu lù ba. *(camminare strada part. ba)*

Come si arriva a...?

Per chiedere indicazioni stradali, potete porre la domanda usando 怎么？ **zěnme?** *come?* Ad esempio:

请问，去北京孔庙怎么走？
Qǐng wèn, qù Běijīng Kǒng miào zěnme zǒu?
[tch'in^g uen, tch'ü Bei jin^g k'on^g miao zen mə zou?]
Mi scusi, come si arriva al tempio di Confucio a Pechino?

6 Costruite un dialogo di 4 battute con questi 5 fumetti:

☐ 不远，走路不到十分钟。
Bù yuǎn [bu üen], **zǒu lù bú dào shí fēnzhōng.**
(non lontano, camminare strada neg. arrivare 10 minuti)

☐ 华都饭店。
Huádū [h'ua du] **fàndiàn.**
(Huadu Hotel)

☐ 我喜欢走路。
Wǒ xǐhuān zǒu lù.
[hsi h'uan zou lu]
(io gradire camminare)

☐ 你住在哪个饭店？
Nǐ zhù [dju] **zài nǎ ge fàndiàn** [fan dien]**?**
(tu abitare in quale *cl.* ge hotel?)

☐ 从饭店到孔庙远吗？
Cóng fàndiàn dào Kǒng miào yuǎn [üen] **ma?**
(da hotel arrivare Confucio tempio lontano?)

7 Aggiungete i toni. Quali sillabe sono al 3° tono?

1. Qing wen, qu Tian'anmen zenme zou?   *Mi scusi, come si arriva a piazza Tian'anmen?*
2. Cong zher dao Kong miao yuan ma?   *Da qui il tempio di Confucio è lontano?*
3. Ni xihuan zou lu ma?   *Ti piace camminare?*
4. Dui bu qi, wo mei ting dong.   *Mi scusi, non ho capito.*
5. Wo shuo: ni you che ma?   *Ti ho chiesto: hai un'automobile?*

I mezzi di trasporto

Per indicare i mezzi di trasporto utilizzati, il cinese ricorre a diversi verbi, quali: 坐 **zuò** *stare seduta/o*; 开 **kāi** *guidare*; 骑 **qí** *stare seduta/o a cavalcioni*; 打 **dǎ** *prendere*; 走 **zǒu** *camminare*. Ad esempio:

你怎么去上班？   我坐地铁去上班。
Nǐ zěnme qù shàng bān?   **Wǒ zuò dìtiě qù shàng bān.**
Come vai a lavorare?   *In metropolitana.*

COME? - 8

8 Seguite l'ordine dei componenti cinesi per formare frasi come nell'esempio:

> Soggetto + verbo + mezzo di trasporto + verbo + luogo
> 我 坐电梯 上楼。
> **Wǒ zuò diàntī shàng lóu**
> (io sedere ascensore salire piani)
> *Io prendo l'ascensore per salire.*

Mezzo di trasporto		Verbo + luogo	
坐地铁	**zuò dìtiě** in metro	去上班	**qù shàng bān** andare al lavoro
坐火车	**zuò huǒchē** in treno	回国	**huí guó** tornare nel proprio paese
坐飞机	**zuò fēijī** in aereo	回家	**huí jiā** tornare a casa
打车	**dǎ chē** in taxi	去机场	**qù jīchǎng** andare all'aeroporto
开车	**kāi chē** in auto (guidando)	上山	**shàng shān** salire in montagna
骑山地车	**qí shāndìchē** in mountain bike	下山	**xià shān** scendere dalla montagna

9 Trovate i caratteri in comune a ogni coppia e individuatene il significato:

骑车/堵车   走路/路上   飞机/机场   地铁/地图

1. .... 2. .... 3. .... 4. ....

8 - COME?

10 Con l'aiuto di questi quattro verbi individuate l'opzione corretta.

huí	ritornare
yóu	viaggiare
dǔ	essere bloccata/o (traffico)
zhīdào	sapere

1. 我喜欢开车，你呢？
   Wǒ xǐhuān [hsi h'uan] **kāi chē, nǐ ne?**
2. 我想走路回家。
   Wo xiǎng zǒu lù huí jiā [huéi jia].
3. 王一文要骑车游中国。
   Wáng Yīwén yào qí [tch'i] **chē yóu Zhōngguó.**
4. 去火车站打车方便吗？
   Qù huǒchēzhàn dǎ chē fāngbiàn ma?
5. 你怎么知道路上堵车？
   Nǐ zěnme zhīdào lù shàng dǔ chē?

1. Colei/ui che parla
   - ☐ **A.** ama guidare
   - ☐ **B.** vorrebbe guidare un'auto
2. Colei/ui che parla vorrebbe
   - ☐ **A.** sedersi
   - ☐ **B.** partire
   - ☐ **C.** tornare a casa a piedi
3. Wang Yiwen vorrebbe
   - ☐ **A.** una bici cinese
   - ☐ **B.** viaggiare in Cina
   - ☐ **C.** viaggiare d'estate
4. Cercate
   - ☐ **A.** una soluzione
   - ☐ **B.** la stazione
   - ☐ **C.** un taxi
5. Non credete troppo
   - ☐ **A.** all'autista
   - ☐ **B.** alla vostra guida
   - ☐ **C.** al vostro GPS

Complimenti, siete alla fine del capitolo 8! Ora è il momento di contare le faccine e di scrivere il risultato a pagina 128 per la valutazione finale.

9 Quanto?

Chiedere la quantità

- Per quantità che si stima non superino le dieci unità, si utilizza l'interrogativo 几 **jǐ?** [ji] *quante/i?*
- Per quantità superiori invece si utilizza 多少 **duōshao?** [duo shao] *quante/i?*

1 Traducete le domande aiutandovi con il corrispettivo parola per parola:

1. 几点了？
   Jǐ diǎn le? [ji dien lə]

2. 你去上海几天？
   Nǐ qù Shànghǎi jǐ tiān [tien]?

3. 李明几岁？
   Lǐ Míng jǐ suì [suéi]?

4. 多少钱？
   Duōshao qián [tch'ien]?

5. 你的手机号是多少？
   Nǐ de shǒujī hào [shou ji h'ao] **shì duōshao?**

6. 中国现在有多少人口？
   Zhōngguó xiànzài yǒu duōshao rénkǒu?
   [djon^g guo hsien zai you duo shao ren k'ou]

A. (Cina ora avere quanta popolazione)
B. (tu cellulare numero essere quanto)
C. (quante ore part. **le**)
D. (tu andare Shanghai quanti giorni)
E. (quanti soldi)
F. (Li Ming quanti anni)

Quantificare e classificare

I nomi comuni utilizzano un classificatore tra il numero e il nome. Il classificatore più utilizzato è 个 **ge** [g'ə]. Identifica *(una o più) unità di*. Ad esempio:

一个人	一个孩子	一个东西	一家商店
yí ge rén	**yí ge háizi**	**yí ge dōngxi**	**yì jiā shāngdiàn**
[yi g'ə ren]	[yi g'ə h'ai z]	[yi g'ə don^g hsi]	[yi jia shan^g dien]
una persona	*un bambino*	*una cosa*	*un negozio*

9 - QUANTO?

2 Cerchiate i classificatori:

1. 几个人？
   jǐ ge rén? [ji g'ə ren]
   quante persone?

2. 一位老人
   yí wèi lǎorén
   una persona anziana

3. 一家公司
   yì jiā gōngsī [yi jia gonᵍ s]
   una società

4. 这个孩子
   zhè ge háizi [djə g'ə h'ai z]
   questa/o bimba/o

5. 这三只狗
   zhè sān zhī gǒu [djə san dj gou]
   questi tre cani

6. 哪一家饭店？
   nǎ yì jiā fàndiàn?
   quale hotel?

3 Osservate queste domande e scegliete l'opzione approppiata tra quelle proposte.

1. 你家有几口人？
   Nǐ jiā yǒu jǐ [ji] **kǒu** [k'ou] **rén?**

2. 今天气温多少度？
   Jīntiān qìwēn [tch'i uen] **duōshao dù?**

3. 你们几位？
   Nǐmen jǐ wèi?

4. 小朋友，你几岁？
   Xiǎo [hsiao] **péngyou, nǐ jǐ suì** [suéi]?

5. 一个苹果多少钱？
   Yí ge píngguǒ duōshao qián [tch'ien]?

6. 他在英国几年了？
   Tā zài Yīngguó jǐ nián [nien] **le?**

1. Sto chiedendo
   A. se tu hai una famiglia numerosa.
   B. quanti siete in famiglia.
   C. quante persone hai invitato a casa tua.

2. Sto chiedendo
   A. la temperatura atmosferica di oggi.
   B. se oggi fa freddo.
   C. se oggi hai la febbre.

3. Un cameriere ci chiede
   A. di sederci.
   B. in quanti siamo.
   C. quante persone anziane ci sono.

4. Mi sto rivolgendo
   A. a un bambino.
   B. al mio fidanzato.
   C. a un cane.

5. Sto chiedendo
   A. quanto costa una mela.
   B. quanto costa questa mela.
   C. quanto costano le mele.

6. Lui è in Inghilterra
   A. per quanti anni?
   B. da quanti anni?
   C. per qualche anno?

QUANTO? - 9

4 Scrivete in pinyin le risposte alle domande dell'esercizio 3:

六	**liù** [liou]	*sei*
10块	**shí kuài** [sh' k'uai]	*10 yuan*

我家有三口人。 1. ....
十二度。 2. ....
三个人。 3. ....
我六岁。 4. ....
苹果一个10块钱。 5. ....
很多年了！ 6. ....

Sandhi tonale

Il numero 一 **yī** *uno* cambia di tono davanti a un altro carattere.

- Diventa 4° tono (**yì** discendente) quando si trova davanti a 1°, 2° e 3° tono:

    一杯水　　　一本书
    yì bēi shuǐ　　**yì běn shū**
    un bicchiere d'acqua　*un libro*

- Diventa 2° tono (**yí** ascendente) davanti a un 4° tono e a un tono neutro:

    一块面包　　　一个苹果
    yí kuài miànbào　　**yí ge píngguǒ**
    un pezzo di pane　*una mela*

5 Aggiungete il tono su **yi** seguendo la regola:

yì +	– primo tono / secondo tono v terzo tono
yí +	\ quarto tono o tono neutro

一杯酒　　1. yı bēi jiǔ [jiou] | *un bicchiere di vino*
一个课文　　2. yı ge kèwén | *una lezione*
一家人　　3. yı jiā rén [ren] | *una famiglia*
一块肉　　4. yı kuài ròu [yi k'uai rou] | *un pezzo di carne*
一幅国画　　5. yı fú guóhuà [yi fu guo h'ua] | *un quadro cinese*
一本中文书　　6. yı běn zhōngwén shū [djongᵘ uen shu] | *un libro di cinese*
一只大狗　　7. yı zhī dà gǒu [yi dj da gou] | *un cane grande*

9 - QUANTO?

La logica del classificatore

Il classificatore evoca una classe di appartenenza delle cose in base alla loro forma o alle loro proprietà. Osservate questi esempi:

一条龙 **yì tiáo lóng** (un + forma allungata + drago) *un drago*
一条路 **yì tiáo lù** (una + forma allungata + strada) *una strada*
一根头发 **yì gēn tóufà** (un + radice + capello) *un capello*
一个人 **yí ge rén** *una persona, un essere umano*

6 Numerate i fumetti per ricostruire il dialogo:

mǎi hétáo	comprare delle noci
zhǒng	tipologia, tipo
zhè	questo / questa
jīn	500 grammi
kuài	yuan (moneta RPC)
nà	allora, in questo caso

☐ 您买多少？
Nín mǎi duōshao?

☐ 您要买哪一种？
Nín yào mǎi nǎ yì zhǒng?

☐ 我想买核桃。
Wǒ xiǎng mǎi hétáo.

☐ 那我买三斤。
Nà wǒ mǎi sān jīn.

☐ 多少钱一斤？
Duōshao qián yì jīn?

☐ 这种。
Zhè zhǒng.

☐ 三十块一斤。
Sān shí kuài yì jīn.

La data e il giorno della settimana

- Per chiedere quale giorno del mese è: 今天几号？ **Jīntiān jǐ hào?** (oggi quale numero?) *Quanti ne abbiamo oggi?*
- Per chiedere quale giorno della settimana è: 今天星期几？ **Jīntiān xīngqī jǐ?** (oggi settimana quanti?) *Che giorno della settimana è oggi?* Infatti, i giorni della settimana in cinese si numerano, ad esempio: 星期一 **xīngqīyī** (settimana uno) *lunedì*.

QUANTO? - 9

7 Associate domande e risposte:

zhōumò	fine settimana
děi	dovere
yuè	mese
Guóqìng	Festa Nazionale
měi… dōu	ogni
nián	anno
rìqī	data
yíyàng	stessa/o, uguale

周末也得工作。
A. Zhōumò yě děi gōngzuò.

今天是十月一号,是国庆。
B. Jīntiān shì shí yuè yī hào, shì Guóqìng.

每年的日期都不一样。
C. Měi nián de rìqī dōu bù yíyàng.

是星期六。
D. Shì xīngqīliù.

七号走,你呢?
E. Qī hào zǒu, nǐ ne?

1. ☐ 你们几号走?
Nǐmen jǐ hào zǒu?
Che giorno partite?

2. ☐ 八号是星期几?
Bā hào shì xīngqī jǐ?
L' 8 che giorno della settimana è?

3. ☐ 你星期六工作吗?
Nǐ xīngqīliù gōngzuò ma?
Lavori il sabato?

4. ☐ 今天几号?
Jīntiān jǐ hào?
Che numero è oggi?

5. ☐ 春节是几月几号?
Chūnjié shì jǐ yuè jǐ hào?
Che giorno è la festa di Primavera?

Anna: Mi trovo un po' in difficoltà con i giorni della settimana. Perché non hanno un nome? Intendo dire lunedì come Luna, martedì come Marte, mercoledì come Mercurio…

Wang: La Cina ha un suo calendario tradizionale lunisolare. Il calendario Gregoriano è stato introdotto poco alla volta nel xx secolo, ma il suo vocabolario esotico no! È stato più semplice numerare i giorni della settimana. Ma lo sai che ogni giorno ha due nomi?

Anna: Allora sono proprio persa… Mi potresti aiutare domani che è domenica?

Wang: Sì, tanto più perché ci sono tre modi per indicare la domenica! Allora vieni a mangiare da noi, prepariamo i ravioli e ti spiegherò tutto!

9 - QUANTO?

今天是星期几？
Jīntiān shì xīngqī jǐ?
[jin t'ien sh' hsinᵍ tch'i ji]
Che giorno della settimana è oggi?

Settimana si dice 周 **zhōu** [djou] o anche 星期 **xīngqī** [hsinᵍ tch'i].

Abbiamo quindi un doppio elenco per "contare" i giorni della settimana:

zhōuyī	xīngqīyī	lunedì
zhōu'èr	xīngqī'èr	martedì
zhōusān	xīngqīsān	mercoledì
zhōusì	xīngqīsì	giovedì
zhōuwǔ	xīngqīwǔ	venerdì
zhōuliù	xīngqīliù	sabato
zhōurì	xīngqīrì/xīngqītiān	domenica
xià zhōuyī	xià xīngqīyī	lunedì prossimo

8 Annotate le informazioni di questo dialogo nell'agenda di Anna:

Mercoledì 周三	Giovedì 周四	Venerdì 周五	Sabato 周六	Domenica 星期天

Wang Yiwen:

1. 明天是星期几？
   Míngtiān shì xīngqī jǐ?

3. 你周六工作吗？
   Nǐ zhōuliù gōngzuò ma?

5. 你星期几学习中文？
   Nǐ xīngqī jǐ xuéxí zhōngwén?

7. 你的生日是几月几号？
   Nǐ de shēngrì shì jǐ yuè jǐ hào?

9. 今天就是你的生日啊！
   Jīntiān jiù shì nǐ de shēngrì a!

11. 真的吗？那你多吃饺子吧！
    Zhēn de ma? Nà nǐ duō chī jiǎozi ba!

Anna:

2. 明天是六月三号星期一。
   Míngtiān shì liù yuè sān hào xīngqīyī.

4. 我周末不工作。
   Wǒ zhōumò bù gōngzuò.

6. 周三、周四都学习中文。
   Zhōusān, zhōusì dōu xuéxí zhōngwén.

8. 六月二号。
   Liù yuè èr hào.

10. 是。
    Shì.

12. 好！我也带了个小蛋糕……
    Hǎo! Wǒ yě dài le ge xiǎo dàngāo…

I due modi per dire due!

- Nei numeri ordinali, quando non si quantifica e nei numeri a più cifre, si usa 二 **èr**. Esempi:

12	20	623号房间	周二	二月
shí èr	**èr líng**	**liù èr sān hào fángjiān**	**zhōu'èr**	**èryuè**
dodici	*due zero*	*camera n° 623*	*martedì*	*febbraio*

- Quando si quantifica e il numero è costituito dalla sola cifra 2, si usa 两 **liǎng**. Esempi:

两天	两年	两个人	夫妇两个	两个月
liǎng tiān	**liǎng nián**	**liǎng ge rén**	**fū fù liǎng ge**	**liǎng ge yuè**
due giorni	*due anni*	*due persone*	*marito e moglie (le due persone)*	*due mesi*

9 Come direste…?

1. che alloggiate nella camera 432.
   → ....

2. che avete due bambini.
   → ....

3. che non conoscete il significato dei 12 caratteri su una porta.
   → ....

4. che siete qui da due anni, ma che ve ne andrete in febbraio.
   → ....

5. che due persone vi stanno cercando.
   → ....

9 - QUANTO?

10 Cosa manca in queste domande?

1. 一斤苹果_____钱？
   Yì jīn [djin] **píngguǒ** .... **qián** [tch'ien]?

2. 你家有几_____人？
   Nǐ jiā yǒu jǐ .... **rén** [ren]?

3. 你们_____号走？
   Nǐmen .... **hào zǒu** [zou]?

4. 你住几_____房间？
   Nǐ zhù jǐ .... **fángjiān** [fang jien]?

5. 你星期_____学习中文？
   Nǐ xīngqī .... **xuéxí zhōngwén** [djong uen]?

6. 你的手机号是_____？
   Nǐ de shǒujī hào shì [sh'] .... ?

Contate fino a 10.000 in 5 minuti!

- Se sapete contare fino a 12, vi sarà facile arrivare fino a 10.000:
  12 **shí èr** (dieci + due); 13 **shí sān** (dieci + tre); 14 **shí sì** (dieci + quattro) ecc.
  20 **èr shí** (due volte dieci); 30 **sān shí** (tre volte dieci) ecc.
  21 **èr shí yī** (due volte dieci + uno); 22 **èr shí èr** (due volte dieci + due) ecc.
  100 **yī bǎi** (una volta cento); 200 **èr bǎi** o **liǎng bǎi** (due volte cento) ecc.
  1 000 **yī qiān** [tch'ien] (una volta mille); 2000 **èr qiān** o **liǎng qiān** ecc.
  10 000 **yī wàn** (una volta diecimila)

- Poi la faccenda si complica un po'… Ma ricordatevi che nel 2010 la popolazione della RPC ammontava ufficialmente a 1,3 miliardi **shí sān yì** (dieci + tre = tredici × cento milioni) di persone!

Complimenti, siete alla fine del capitolo 9! Ora è il momento di contare le faccine e di scrivere il risultato a pagina 128 per la valutazione finale.

10
Cosa fai?

Azione in corso

L'avverbio 在 **zài** [zai] specifica che l'azione si sta svolgendo nel momento in cui si parla. Spesso è rinforzato dalla particella finale 呢 **ne**. Confrontate l'azione abituale e quella in corso:

你做什么工作？
Nǐ zuò shénme gōngzuò?
Che lavoro fai?

你在做什么呢？
Nǐ zài zuò shénme ne?
Cosa stai facendo?

I Completate le frasi:

Il sostituto interrogativo
什么? shénme?
si può tradurre con: *Cosa? Che cosa? Quale?*

1. 这是什么？
   Zhè... shénme? | *Che cos'è questo/a?*

2. 您要买什么？
   Nín... | *Che cosa vuoi comprare?*

3. 这是什么意思？
   ... yìsi [yi s]**?** | *Questo che cosa significa?*

4. 她在说什么呢？
   Tā zài shuō... | *Lei che cosa sta dicendo?*

5. 你今天做了些什么？
   ... le xie [hsie] **shénme?** | *Che cosa hai fatto oggi?*

些 **xiē** [hsie] indica che il sostantivo che segue è plurale: la persona ha sicuramente svolto più di un'attività

10 - COSA FAI?

 Rispondete alla domanda scegliendo un verbo:

你在做些什么呢？
Nǐ zài zuò [zuo] **xiē** [hsie] **shénme ne?**
Che cosa stai facendo?

写 **xiě** [hsie] *scrivere*

喝 **hē** *bere*

听 **tīng** [t'in^g] *ascoltare*

吃 **chī** [ch'] *mangiare*

看 **kàn** [k'an] *guardare*

做 **zuò** [zuo] *fare, fabbricare*

1. 我在__电影。
   ... **diànyǐng.** [dien yin]
   Sto guardando un film.

2. 我在__茶。
   ... **chá.** [ch'a]
   Sto bevendo un tè.

3. 我在__音乐呢。
   ... **yīnyuè ne.** [yin üe]
   Sto ascoltando la musica.

4. 我们在__午饭。
   ... **wǔfàn.** [u fan]
   Stiamo pranzando.

5. 我在__饭呢。
   ... **fàn ne.**
   Sto cucinando.

6. 我正在__短信。
   Wǒ zhèng ... **duǎnxìn.** [duan hsin]
   Sto mandando un SMS.

Azione: il verbo ha bisogno di un oggetto

- Per indicare lo svolgimento di un'attività, in cinese si utilizza un verbo seguito da un complemento oggetto, come in italiano:

打球
dǎ qiú [tch'iou]
giocare a pallone

打电话
dǎ diànhuà [dien h'ua]
fare una telefonata

做饭
zuò fàn [zuo fan]
fare del cibo, cucinare

- Con i verbi monosillabici, quando il verbo esprime un'azione generica (che in italiano si traduce con un verbo intransitivo), è sempre necessario un oggetto. In questo caso, l'oggetto è apparente, ossia si tratta di un oggetto generico che è considerato quello usato più comunemente in combinazione col verbo in questione:

走路
zǒu lù [zou lu]
(camminare la stada)
camminare

开车
kāi chē [ch'ə]
(guidare un auto)
guidare

睡觉
shuì jiào [shuéi jiao]
(dormire un sonno)
dormire

3 Come lo direste?

1. Vi si chiede se il bebè (**bǎobǎo**) sta dormendo.
→ ....

2. Dite che i bambini stanno giocando a palla.
→ ....

3. Rispondete al telefono guidando e vi scusate di non poter parlare.
→ ....

4. Una ragazza chiede al fidanzato se il pranzo è pronto.
→ ....

5. Dite di dover (**děi**) telefonare a vostro papà. (**gěi bàba**).
→ ....

6. Dite che state camminando e che camminare fa bene alla salute (**duì shēntǐ hǎo**).
→ ....

4 Indovinate il significato aiutandovi con la traduzione parola per parola:

1. 做一顿饭
zuò yí dùn fàn
(fare uno *classificatore* pasto)

2. 做一个菜
zuò yí ge cài
(fare uno *classificatore* piatto)

3. 做个好菜
zuò ge hǎo cài
(fare *classificatore* buono piatto)

10 - COSA FAI?

4. 开汽车
kāi qìchē
(manovrare auto)

5. 开电脑
kāi diànnǎo
(accendere elettricità cervello)

6. 开心
kāi xīn
(aprire cuore)

7. 打人
dǎ rén
(colpire persona)

8. 打网球
dǎ wǎngqiú
(colpire rete palla)

9. 打个电话
dǎ ge diànhuà
(colpire *classificatore* elettricità-parola)

10. 打车
dǎ chē
(prendere veicolo)

11. 睡了一觉
shuì le yí jiào
(dormire part. **le** uno sonno)

12. 睡午觉
shuì wǔjiào
(dormire mezzogiorno sonno)

13. 睡懒觉
shuì lǎn jiào
(dormire pigro sonno)

14. 没有睡觉
méi yǒu shuì jiào
(neg. avere dormire sonno)

Azioni abituali

- La struttura discontinua 每 **měi**... 都 **dōu**... permette di esprimere un'abitudine. L'avverbio 都 **dōu** [dou] indica pluralità e precede un verbo o un verbo attributivo, mai un nome come in italiano:

  李明每天都上课。
  Lǐ Míng měi tiān dōu shàng kè.
  (Li Ming ogni giorno tutti andare scuola)
  Li Ming va a scuola tutti i giorni

 Trovate il corretto ordine delle parole:

都/我/工作/每/天/。
dōu/wǒ/gōngzuò/měi/tiān

1. *Lavoro tutti i giorni.*

打/每/都/车/他/天。
dǎ/měi/dōu/chē/tā/tiān

2. *Lui prende il taxi tutti i giorni.*

天/睡/都/午/每/宝宝/觉。
tiān/shuì/dōu/wǔ/měi/bǎobǎo/jiào

3. *Il bebè fa un riposino tutti i giorni.*

每/中文/不是/学/安娜/都/天。
měi/zhōngwén/bú shì/xué/Ān Nà/dōu/tiān

4. *Anna non studia cinese tutti i giorni.*

星期/上/天/都/中文/每/课/李明。
xīngqī/shàng/tiān/dōu/zhōngwén/měi/kè/Lǐ Míng

5. *Li Ming va al corso di cinese tutte le domeniche.*

6 Inserite l'elemento in blu nella frase:

每天
měi tiān

是不是
shì bu shi

晚上
wǎnshang

都
dōu

都
dōu

1. 你早上几点起床？
   Nǐ zǎoshang jǐ diǎn qǐ chuáng?

2. 你每天都吃午饭？
   Nǐ měi tiān dōu chī wǔfàn?

3. 宝宝几点睡觉？
   Bǎobǎo jǐ diǎn shuì jiào?

4. 我们每天晚上看电影。
   Wǒmen měi tiān wǎnshang kàn diànyǐng.

5. 老人天天走五公里路行吗？
   Lǎorén tiān tiān zǒu wǔ gōnglǐ lù xíng ma?

zǎoshang [zao shanᵍ]	la mattina presto
qǐ chuáng [tch'i chuanᵍ]	alzarsi (dal letto)
wǔfàn [u fan]	pranzo
wǎnshang [uan shanᵍ]	sera
diànyǐng [dien yinᵍ]	film
tiān tiān [t'ien]	ogni giorno

7 Ripasso: sottolineate le parti grafiche comuni a ogni coppia.

走 / 起   看 / 睡   吃 / 喝   听 / 叫   做 / 作

1. zǒu / qǐ   **2. kàn / shuì**   **3. chī / hē**   **4. tīng / jiào**   **5. zuò/zuò**
camminare/alzarsi guardare/dormire   mangiare/bere   ascoltare/chiamare   fare

8 Ripasso: scrivete in pinyin queste coppie di parole... con i toni!

多 / 都   *molto* [duo] / *tutto* [dou]   1. ....

打 / 大   *colpire* [da] / *grande* [da]   2. ....

走 / 做   *camminare* [zou] / *fare* [zuo]   3. ....

车 / 吃   *veicolo* [ch'ə] / *mangiare* [ch']   4. ....

睡 / 岁   *dormire* [shuéi] / *anno (di età)* [suéi] 5. ....

些 / 写   *alcuni/e* [hsie] / *scrivere* [hsie]   6. ....

10 - COSA FAI?

9 Ripasso: l'azione è in fase di compimento (C) o abituale (A)?

	C	A
她在打网球。 1. Tā zài dǎ wǎngqiú.	☐	☐
我每天都上网。 2. Wǒ měi tiān dōu shàng wǎng.	☐	☐
宝宝还在睡觉呢。 3. Bǎobǎo hái zài shuì jiào ne.	☐	☐
你在做什么呢？ 4. Nǐ zài zuò shénme ne?	☐	☐
我每天都在公司吃午饭。 5. Wǒ měi tiān dōu zài gōngsī chī wǔfàn.	☐	☐

10 Ripasso: trasformate le domande seguendo il modello.

> (verbo + negazione + verbo?) → (frase + 吗 **ma?**)
> 你去不去？ **Nǐ qù bu qù?** → 你去吗？ **Nǐ qù ma?** *Tu vai?*

您是不是王先生？
Nín shì bu shì Wáng Xiānsheng?
Lei è il Sig. Wang? → ....

有没有身份证？
Yǒu méi yǒu shēnfènzhèng?
Hai una carta d'identità? → ....

你吃不吃辣的？
Nǐ chī bu chī là de?
Mangi piccante? → ....

你要不要买？
Nǐ yào bu yào mǎi?
Vuoi comprarlo/a? → ....

好不好？
Hǎo bu hǎo?
Va bene? → ....

Complimenti, siete alla fine del capitolo 10! Ora è il momento di contare le faccine e di scrivere il risultato a pagina 128 per la valutazione finale.

Giudizi e valutazioni

> **Mi piace e Mi piacerebbe**
>
> - Dicendo "Mi piace (qualcosa)", si fa riferimento ai propri gusti. In cinese si utilizza in questo caso sia 喜欢 **xǐhuān** [hsi h'uan], che 爱 **ài**.
> - Dicendo "Mi piacerebbe" o "Vorrei", si esprime un desiderio, un bisogno, che si traduce con il verbo 想 **xiǎng** [hsiang] *desiderare, avere voglia di*.

1 Associate le frasi:

1. Un estimatore del tè chiede al suo invitato cosa gli piaccia.

2. L'invitato non ha preferenze.

3. L'ospite propone un tè rinomato.

4. Servendo il tè, l'ospite cambia l'argomento della conversazione.

5. All'invitato piace fare acquisti su Internet.

6. L'ospite vorrebbe che l'invitato lo aiutasse a comprare un biglietto aereo su Internet.

周末你喜欢做什么？
A. Zhōumò nǐ xǐhuān zuò shénme?

你想喝杯名茶吗？
B. Nǐ xiǎng hē bēi míngchá ma?

我喜欢上网购物。
C. Wǒ xǐhuān shàng wǎng gòu wù.

我想在网上买一张飞机票。
D. Wǒ xiǎng zài wǎng shàng mǎi yì zhāng fēijī piào.

红茶绿茶我都爱喝。
E. Hóngchá lǜchá wǒ dōu ài hē.

你喜欢喝什么茶？
F. Nǐ xǐhuān hē shénme chá?

2 Trascrivete le parole o i gruppi di parole dell'esercizio 1 che hanno un ordine inverso rispetto all'italiano.

1. .... 4. ....

2. .... 5. ....

3. .... 6. ....

11 - GIUDIZI E VALUTAZIONI

Ti piace? – Non mi sembra affatto male

- Per chiedere a qualcuno quali siano i suoi gusti, la domanda può essere posta in due forme: l'interrogazione per particella modale (frase + 吗 **ma?**), o l'interrogazione esclusiva 喜不喜欢？ **Xǐ bu xǐhuān?** Il verbo espresso nella domanda deve essere ripreso nella risposta, indipendentemente da quale essa sia:

喜欢吗？
Xǐhuān ma?
Ti piace?

喜不喜欢？
Xǐ bu xǐhuān?
Ti piace o no?

很喜欢。
Hěn xǐhuān.
Sì mi piace molto.

- Per formulare una domanda aperta, si usa il verbo 觉得 **juéde** *ritenere / pensare che*:

你觉得怎么样？
Nǐ juéde zěnmeyàng?
Cosa ne pensi?

我觉得不错。
Wǒ juéde bú cuò.
Mi sembra niente male.

3 Provate a immaginare il dialogo:

觉得	juéde	ritenere / pensare che
还好	hái hǎo	abbastanza buona/o, così così
衣服	yīfu	vestito
新	xīn	nuova/o
说实话	shuō shí huà	dire la verità
不太	bú tài	non troppo
不怎么样	bù zěnmeyàng	niente di che
件	jiàn	classificatore per vestiti

1. Jia chiede alla sua amica Yi cosa ne pensa del suo nuovo vestito.

2. Lei risponde distrattamente che può andare.

3. Scontento, Jia insiste per sapere se il vestito le piace o no.

4. Yi dice che a dire il vero non la fa impazzire.

5. Frustrato, Jia chiede a Yi se lui le piace.

6. Risposta decisamente affermativa! Per quanto riguarda il vestito… non è un granché.

GIUDIZI E VALUTAZIONI - 11

4 Associate i contrari:

1. 很好 hěn hǎo
2. 旧衣服 jiù yīfu
3. 好看 hǎo kàn
4. 好听 hǎo tīng
5. 好吃 hǎo chī

A. 新衣服
B. 不好听
C. 不好吃
D. 不怎么样
E. 不太好看

5 Scegliete la risposta esatta:

Domande:

你觉得这首歌怎么样？
Nǐ juéde zhè shǒu gē zěnmeyàng?
Cosa ne pensi di questa canzone?

歌词听得懂吗？
Gēcí tīng de dǒng ma?
Capisci le parole della canzone?

你喜欢意大利语吗？
Nǐ xǐhuān Yìdàlìyǔ ma?
Ti piace l'italiano?

意大利语难学吗？
Yìdàlìyǔ nán xué ma?
L'italiano è difficile?

你喜欢听什么音乐？
Nǐ xǐhuān tīng shénme yīnyuè?
Che musica ti piace?

Risposte:

不错。
1. Bú cuò. [bu z'uo]

听不太懂。
2. Tīng bu tài dǒng.

意大利语英语我都喜欢说。
3. Yìdàlìyǔ yīngyǔ wǒ dōu xǐhuān shuō.

意大利语语法太难了！
4. Yìdàlìyǔ yǔfǎ tài nán le!

我爱中国古典音乐。
5. Wǒ ài tīng Zhōngguó gǔdiǎn yīnyuè.

1. Ma Li pensa che la canzone sia
   - A. carina
   - B. non male
   - C. stupida
2. Pensa che le parole siano
   - A. facili
   - B. comprensibili
   - C. difficili da capire
3. Lui parla
   - A. inglese
   - B. tre lingue
   - C. italiano
4. A Ma Li non piace
   - A. la grammatica italiana
   - B. l'italiano
   - C. l'Italia
5. Gli piace la musica
   - A. cinese
   - B. classica
   - C. le canzoni cinesi

11 - GIUDIZI E VALUTAZIONI

Giudizio e intensità

Gli avverbi che esprimono misura o intensità, come 很 **hěn** *molto*, 挺 **tǐng** *molto* (orale), 真 **zhēn** *veramente*, 太 **tài** *troppo*, si collocano davanti al verbo o al verbo attributivo:

我的孩子挺喜欢吃薯条。
Wǒ de háizi tǐng xǐhuān chī shǔtiáo.
A mia/o figlia/o piacciono molto le patate fritte.

这首歌很不错。
Zhè shǒu gē hěn bú cuò.
Questa canzone è proprio niente male.

6 Inserite l'avverbio in blu nella frase:

比较
bǐjiào
abbastanza

1. 海蜇好吃。
   Hǎizhé hǎo chī.
   La medusa è buona (da mangiare).

   → ....

特别
tèbié
particolarmente

2. 云南的风景美丽。
   Yúnnán de fēngjǐng měilì.
   I paesaggi dello Yunnan sono belli.

   → ....

挺
tǐng
molto

3. 北京的历史有意思。
   Běijīng de lìshǐ yǒu yìsi.
   La storia di Pechino è interessante.

   → ....

非常
fēicháng
estremamente

4. 我也喜欢这种音乐。
   Wǒ yě xǐhuān zhè zhǒng yīnyuè.
   Anche a me piace questo genere di musica.

   → ....

太
tài
troppo

5. 你说得快。
   Nǐ shuō de kuài.
   Tu parli veloce.

   → ....

真
zhēn
veramente

6. 她个子高。
   Tā gèzi gāo.
   Lei è alta.

   → ....

73

Sandhi tonale della negazione 不 bù

La negazione 不 bù cambia tono in funzione del tono che segue.

- Rimane al 4° tono (discendente) davanti a un 1°, 2° o 3° tono:

  不多
  bù duō [bu duo]
  non molte/i

  不容易
  bù róngyì [ron^g yi]
  non facile

  不喜欢
  bù xǐhuān
  non gradire

- Diventa 不 bú al 2° tono (ascendente) davanti a un 4° tono o a un tono neutro:

  不对。
  Bú duì. [duei]
  Non è giusto. (È sbagliato)

  不是。
  Bú shi. [sh']
  No. (Non è così)

  不错。
  Bú cuò. [z'uo]
  Non male.

7 Dite di "no" seguendo il sandhi tonale:

bù +	– primo tono / secondo tono v terzo tono
bú +	\ quarto tono tono neutro

好吗？
Hǎo ma? 1. ....

难吗？
Nán ma? 2. ....

对不对？
Duì bu duì? 3. ....

有吗？
Yǒu ma? 4. ....

多吗？
Duō ma? 5. ....

喜欢吗？
Xǐhuān ma? 6. ....

Attenzione alla negazione specifica per il verbo 有 **yǒu**!

Esprimere la modalità o l'intensità di un'azione

Per valutare o giudicare un'azione, si usa il complemento di grado, una costruzione verbale la cui struttura è verbo - 得 **de** + modo o intensità dell'azione. Ad esempio:

马力学得怎么样？
Mǎ Lì xué de zěnmeyàng?
(Ma Li studiare *part. de* come?)
Come va Ma Li con gli studi?

他学得很快。
Tā xué de hěn kuài.
(Lui studiare *part. de* molto veloce)
Impara velocemente.

11 - GIUDIZI E VALUTAZIONI

8 Collegate:

xiǎohái	bambina/o
tán gāngqín	suonare il pianoforte
suǒyi	quindi, di conseguenza
rènào	animata/o, rumorosa/o
jiàqī	vacanze

kuài	veloce, velocemente
màn	lento/a, lentamente
shǎo	poco
duō yìdiǎn	un po' di più
guò	passare, trascorrere

1. 这个小孩不喜欢弹钢琴，
   Zhè ge xiǎohái bù xǐhuān tán gāngqín,

2. 我觉得上海很热闹，
   Wǒ juéde Shànghǎi hěn rènào,

3. 你吃得太少，
   Nǐ chī de tài shǎo,

4. 她在中国两年了，
   Tā zài Zhōngguó liǎng nián le,

5. 你唱得真好！
   Nǐ chàng de zhēn hǎo!

6. 我觉得假期
   Wǒ juéde jiàqī

A. 所以中文说得很快。
   suǒyi zhōngwén shuō de hěn kuài.

B. 我很喜欢听。
   Wǒ hěn xǐhuān tīng.

C. 学得很慢。
   xué de hěn màn.

D. 多吃一点吧。
   duō chī yìdiǎn ba.

E. 挺喜欢。
   tǐng xǐhuān.

F. 过得太快。
   guò de tà kuài.

È un po' caro

In italiano, si trova spesso la costruzione "*essere un po'* + aggettivo". In questo caso, in cinese non si usa il verbo 是 **shì** *essere,* poiché è sufficiente il verbo attributivo (ad esempio 累 **lèi** *essere stanca/o*, 贵 **guì** *essere cara/o*) usato nella struttura 有点 **yǒudiǎn** + verbo attributivo. Ad esempio:

我有点累
Wǒ yǒudiǎn lèi.
(io essere un-po' stanca/o)
Sono un po' stanca.

这家饭馆有点贵。
Zhè jiā fànguǎn yǒudiǎn guì.
(questo cl. **jiā** ristorante essere un-po' cara/o)
Questo ristorante è un po' caro.

GIUDIZI E VALUTAZIONI - 11

 Ma Li pensa...

1. che la grammatica sia un po' difficile,
→ ....

2. di essere un po' stanco oggi,
→ ....

3. che i ristoranti siano molto cari,
→ ....

4. che a casa sua faccia un po' freddo
→ ....

5. e che le vacanze siano troppo lunghe!
→ ....

马力	Mǎ Lì	(nome di persona)
觉得	juéde	*ritenere che*
语法	yǔfǎ	*grammatica*
餐厅	cāntīng	*ristorante*
假期	jiàqī	*vacanze*
长	cháng	*lunga/o*

Anna: So che non bisogna usare il verbo 是 **shì** davanti al verbo attributivo. Ma quando dico a Ma Li che l'italiano non è difficile, lui mi risponde: 是难！ **Shì nán!**

Wang: Certo, perché contesta la tua opinione! 是难！ **Shì nán!** in questo caso vuol dire *Eh no, è veramente difficile!*

Anna: 真的吗？ **Zhēn de ma?** *Davvero?*

Wang: Sì. Ma Li sembra un po' scoraggiato in questo momento. Se gli offri un caffè e continui a dirgli che "non è affatto difficile", vedrai che ce la farà ...

Anna: A proposito, come si dice "per niente"?

Per niente

Per niente, affatto, in cinese si dice 一点也不 **yìdiǎn yě bù** o 一点都不 **yìdiǎn dōu bù**. Questa negazione si colloca davanti all'elemento verbale:

他一点也不喜欢运动。
Tā yìdiǎn yě bù xǐhuān yùndòng.
(lui un-po' anche neg. gradire sport)
A lui non piace per niente lo sport

我一点都不想家。
Wǒ yìdiǎn dōu bù xiǎng jiā.
(io un-po' tutto neg. pensare famiglia)
Non mi manca affatto la mia famiglia

11 - GIUDIZI E VALUTAZIONI

 **Trovate l'ordine delle parole:**

píjiǔ	*birra*
diànnǎo	*computer*
chū qù	*uscire*
zhè zhǒng	*questo tipo di*
yǔfǎ	*grammatica*
"kù"	*cool*

啤酒 / 我 / 一点也不 / 喝 / 喜欢
píjiǔ / wǒ / yìdiǎn yě bù / hē / xǐhuān

1. ....

不难 / 觉得 / 一点 / 也 / 我 / 语法
bù nán / juéde / yìdiǎn / yě / wǒ / yǔfǎ

2. ....

想 / 我 / 一点 / 今天 / 都不 / 出去
xiǎng / wǒ / yìdiǎn / jīntiān / dōu bù / chū qù

3. ....

一 / 电脑 / 点 / 不 / 这种 / 也 / 贵
yī / diànnǎo / diǎn / bù / zhè zhǒng / yě / guì

4. ....

"酷" / 说 / 我 / 一点 / 孩子 / 也不
"kù" / shuō / wǒ / yìdiǎn / háizi / yě bù

5. ....

Complimenti, siete alla fine del capitolo 11! Ora è il momento di contare le faccine e di scrivere il risultato a pagina 128 per la valutazione finale.

12 Paragoni

Similitudini

L'avverbio 也 yě [ye] *anche* esprime similitudine e inclusione. La sua negazione precede l'elemento verbale: 也不 yě bù o 也没 yě méi *neanche*. La risposta ripete il verbo:

我是中国人，你呢？
Wǒ shì zhōngguórén, nǐ ne?
Sono cinese, e tu?

我也是。
Wǒ yě shì. (io anche essere)
Anch'io.

我不是中国人。
Wǒ bú shì zhōngguórén.
Io non sono cinese.

我也不是。
Wǒ yě bú shì. (io anche neg. essere)
Neanche io.

1 Si assomigliano davvero! Leggete e completate:

Quando 甲 Jiǎ A dice…	乙 Yǐ B dice…
我在上海工作。 **Wǒ zài Shànghǎi gōngzuò.**	我也是。
我学过一年中文。 **Wǒ xué guo yì nián zhōngwén.**	我也是。
我不是意大利人。 **Wǒ bú shì Yìdàlìren.** [yi da li ren]	我也不是。
我爱吃西瓜。 **Wǒ ài chī xīguā.** [ch' hsi gua]	我也爱吃。
我想买牛肉。 **Wǒ xiǎng mǎi niúròu.** [niou rou]	我也是。
对不起，我没带钱。 **Duìbuqǐ, wǒ méi dài qián.** [tch'ien]	我也没带。

1. Loro .... tutte/i e due a Shanghai.
2. A ha studiato .... e anche B.
3. A e B non sono .... né l'una/o né l'altra/o.
4. A entrambe/i .... il cocomero.
5. A e B .... della carne di manzo.
6. Non faranno spesa oggi perché nessuno/a dei/lle due ha portato ....

12 - PARAGONI

2 Tale madre, tale figlio? Traducete le frasi seguenti:

xiàng [hsiang]	assomigliare
Lǐ fūrén [fu ren]	Signora Li
Jiànádà	Canada
Huárén [h'ua ren]	persona di origine cinese
érzi [ær z]	figlio
cōngmíng [z'ong ming]	intelligente

wàng zǐ [z] chéng lóng	sperare che il proprio figlio riesca nella vita (diventare drago)
xuéxí chéngjì [ch'eng ji]	risultati scolastici
niúnǎi [niou nai]	latte di mucca
bīngqí [tch'i] lín	gelato
pàng [p'ang]	grassa/o (agg.)

李明很像妈妈：
Lǐ Míng hěn xiàng māma:

李夫人是加拿大的华人，
Lǐ fūrén shì Jiànádà de Huárén,

儿子也是。
1. ....

妈妈很聪明，
Māma hěn cōngmíng,

儿子也很聪明。
2. ....

妈妈望子成龙，
Māma wàng zǐ chéng lóng,

儿子学习成绩很好。
3. ....

妈妈不喝牛奶，
Māma bù hē niúnǎi,

儿子爱吃冰淇淋。
4. ....

妈妈有点胖，
Māma yǒudiǎn pàng,

李明也有点胖。
5. ....

Uguali o diversi?

Il verbo attributivo 一样 **yíyàng** *essere uguale* esprime similitudine. Per esprimere diversità, si usa 不一样 **bù yíyàng** oppure 不同 **bù tóng** *diverso, non uguale*:

这两本书一样不一样？
Zhè liǎng běn shū yíyàng bu yíyàng?
Questi due libri sono uguali?

不一样。
Bù yíyàng.
No.

有什么不同？
Yǒu shénme bù tóng?
Cosa hanno di diverso?

3 Rispondete alle domande:

差不多 chà bu duō — *più o meno*

不同 bù tóng — *diversa/o*

有点不同 yǒudiān bù tóng — *un po' diversa/o*

不太一样 bú tài yíyàng — *non proprio uguale*

不一样 bù yíyàng — *non uguale*

根本不同 gēnběn bù tóng — *completamente diversa/o*

一样 yíyàng — *uguale*

你和妈妈一样吗？
Nǐ hé māma yíyàng ma?
(tu e mamma uguale *part. ma*?)

上海和东京不太一样吧？
Shànghǎi hé Dōngjīng bú tài yíyàng ba?
(Shanghai e Tokyo neg. troppo uguali, vero?)

台湾和大陆一样不一样？
Táiwān hé dàlù yíyàng bù yíyàng?
(Taiwan e Cina Popolare uguali neg. uguali?)

罗马和伦敦的生活怎么样？
Luómǎ hé Lúndūn de shēnghuó zěnmeyàng?
(Roma e Londra *part. de* vita come?)

Coordinare o giustapporre?

- Nomi e pronomi si possono coordinare semplicemente giustapponendo gli elementi che si desidera coordinare, oppure usando la congiunzione 和 **hé** *e*:

  李明和弟弟不一样。
  Lǐmíng hé dìdi bù yíyàng.
  Li Ming e suo fratello non sono uguali.

  李明和他弟弟常常吵架。
  Lǐ Míng hé tā dìdi chángcháng chǎo jià.
  Li Ming e suo fratello litigano spesso.

- Nelle proposizioni, invece, la congiunzione non può essere utilizzata, come si fa in italiano. In questo caso, le frasi si giustappongono:

  哥哥在瑞士，姐姐在印尼。
  Gēge zài Ruìshì, jiějie zài Yìnní.
  Mio fratello maggiore è in Svizzera, mia sorella maggiore in Indonesia

4 Completate:

1. 她_____老公常常吵架。
   Tā .... lǎogōng chángcháng chǎo jià.
   Lei e suo marito litigano spesso.

2. 哥哥叫李明_____弟弟叫李天。
   Gēge jiào Lǐ Míng .... dìdi jiào Lǐ Tiān.
   Il fratello maggiore si chiama Li Ming e quello minore Li Tian.

3. 这里很吵_____那里很安静。
   Zhèli hěn chǎo .... nàli hěn ānjìng.
   Qui è molto rumoroso e là è molto tranquillo.

12 - PARAGONI

4. 我女儿＿＿＿＿你儿子一样大。
Wǒ nǚ'ér .... **nǐ érzi yíyàng dà.**
Mia figlia ha la stessa età di tuo figlio.

5. 我儿子喜欢＿＿＿朋友一起出去玩儿。
Wǒ érzi xǐhuān .... **péngyou yìqǐ chū qù wánr.**
A mio figlio piace uscire con gli amici.

Somiglianze e paragoni

- La somiglianza si esprime con il verbo 像 **xiàng** *somigliare a, essere come* :
  这张画很像。
  Zhè zhāng huà hěn xiàng.
  Questo disegno è molto somigliante.

- 像 **xiàng** può sostituire 和 **hé** nella costruzione 像 **xiàng**... 一样 **yíyàng** che può essere seguita anche da un elemento verbale. Ad esempio:

  像梦一样。   像梦一样自由
  Xiàng mèng yíyàng.   **xiàng mèng yíyàng zìyóu**
  È come un sogno.   *(come sogno uguale libera/o) Libera/o come l'aria*

5 Associate le parole per allungare le frasi cambiandone il significato:

1. 今天天气像冬天一样。
Jīntiān tiānqì xiàng dōngtiān yíyàng.
Oggi il tempo è come d'inverno.

A. 工作
gōngzuò

2. 我太笨，不像你这样。
Wǒ tài bèn, bú xiàng nǐ zhèyàng.
Sono troppo stupido/a, non come te.

B. 美
měi

3. 这个女孩像花一样。
Zhè ge nǚhái xiàng huā yíyàng.
Questa ragazza è come un fiore.

C. 生活
shēnghuó

4. 你说人们不要像蚂蚁一样。
Nǐ shuō rénmen bú yào xiàng mǎyǐ yíyàng.
Tu dici che le persone non dovrebbero essere come le formiche.

D. 冷
lěng

5. 可是，谁能像蝴蝶一样？
5. Kěshi, shéi néng xiàng húdié yíyàng?
Ma chi può essere come una farfalla?

E. 聪明
cōngmíng

PARAGONI - 12

Combinazioni di significati

- In cinese i caratteri si combinano per formare nuove unità di significato che possono essere anche molto diverse dalla somma dei significati originari dei caratteri:
  中国 **Zhōngguó** (centro-paese) *Cina*. In origine, questa parola indicava i regni della pianura centrale prima dell'unificazione dell'impero nel 221 a.c. e della sua espansione.
  美国 **Měiguó** (bello-paese) è formato dal carattere 美 **měi**, che riprende i fonemi di America e da 国 **guó** *paese*. Questo meccanismo di formazione riguarda diversi altri paesi: 法国 **Fǎguó** (legge-paese), 英国 **Yīngguó** (coraggio-paese) 德国 **Deguó** (virtù-paese) ecc.
- Grazie a questa flessibilità, è semplice formare neologismi in cinese! Ad esempio per una nuova tecnologia: 无人机 **wúrénjī** (senza-persona-apparecchio) *drone*.
- Conoscere i meccanismi di formazione del significato vi aiuterà a memorizzare meglio!

6 Sottolineate la parola corrispondente alla combinazione:

1. 这两种水果区别很大。
   Zhè liǎng zhǒng shuǐguǒ qūbié hěn dà.   DISTINGUERE-ALTRO

2. 这三种乐器有什么区别？
   Zhè sān zhǒng yuèqī yǒu shénme qūbié?   MUSICA-STRUMENTO

3. 美国和中国时差是多少？
   Měiguó hé Zhōngguó shíchā shì duōshao?   TEMPO-DIFFERENZA

4. 中国和美国的高考有什么差别？
   Zhōngguó hé Měiguó de gāokǎo yǒu shénme chābié?   ALTO-ESAME
   DIVERSITÀ-ALTRO

5. 贫富差距越来越大。
   Pínfù chājù yuè lái yuè dà.   POVERO-RICCO
   DIVERSITÀ-DISTANZA

Comparativo di maggioranza: più di...

比 **bǐ** *paragonare, confrontare, rispetto a*, permette di introdurre un comparativo con la struttura comparato + 比 **bǐ** + comparante + verbo attributivo:

我比你大。 你比我小。
Wǒ bǐ nǐ dà **Nǐ bǐ wǒ xiǎo.**
Io sono più grande di te. *Tu sei più giovane di me.*

12 - PARAGONI

7 Trovate l'ordine delle parole:

你 / 比 / 重 / 我 | *Io peso più di te.*
nǐ/bǐ/zhòng/wǒ

1. ....

比 / 他 / 更 / 你 / 快 | *Lui è ancor più veloce di te.*
bǐ/tā/gèng/nǐ/kuài

2. ....

高 / 爸爸 / 比 / 儿子 | *Il figlio è più alto del suo papà.*
gāo/bàba/bǐ/érzi

3. ....

比 / 人口 / 人口 / 多 / 印度 / 中国 | *La popolazione cinese è più numerosa di quella indiana.*
bǐ/rénkǒu/rénkǒu/duō/Yìndù/Zhōngguó

4. ....

好 / 比 / 老师 / 还要 / 她 / 写字 | *Lei scrive i caratteri cinesi ancora meglio del suo professore.*
hǎo/bǐ/lǎoshī/hái yào/tā/xiě zì

5. ....

Comparativo di minoranza: meno di…

Il comparativo di minoranza si forma con la struttura comparato + 没有 **méi yǒu** + comparante + verbo attributivo, che vuol dire *meno di, non (tanto) come*:

我没有你高。
Wǒ méi yǒu nǐ gāo.
Io sono meno alta/o di te.

她写字没有老师快。
Tā xiě zì méi yǒu lǎoshī kuài.
Lei scrive i caratteri meno velocemente del/la professore/ssa.

PARAGONI - 12

8 Dite la stessa cosa con un comparativo di minoranza:

1. 他比你快。
   Tā bǐ nǐ kuài.

   → ....

2. 儿子比爸爸高。
   Érzi bǐ bàba gāo.

   → ....

3. 中国人口比印度人口多。
   Zhōngguó rénkǒu bǐ Yìndù rénkǒu duō.

   → ....

4. 她写字比老师好。
   Tā xiě zì bǐ lǎoshī hǎo.

   → ....

Comparativo di uguaglianza: come...

Per dire *così come, tanto quanto* si usa la stessa formula che si utilizza per esprimere somiglianza. Il comparante, però, può essere introdotto da tre particelle diverse: 像 **xiàng** *somigliare, come*; 和 **hé** *e, con*; 跟 **gēn** *con*. Si ottiene quindi la struttura:

comparato + 像 **xiàng** / 和 **hé** / 跟 **gēn** + comparante + 一样 yíyàng + aggettivo

像火一样热
xiàng huǒ yíyàng rè [re]
caldo come il fuoco

和冬天一样冷
hé dōngtiān yíyàng lěng
freddo come d'inverno

跟昨天一样多
gēn zuótiān yíyàng duō
tanto quanto ieri

9 Completate:

1. 我跟你一样笨。
   Wǒ gēn nǐ yíyàng bèn.

   → Io sono ....

2. 你挣钱跟我一样多。
   Nǐ zhèng qián gēn wǒ yíyàng duō.

   → Tu guadagni ....

3. 我老妈像蜜蜂一样勤劳。
   Wǒ lǎo mā xiàng mìfēng yíyàng qínláo.

   → Mia ....

4. 奶奶说，生男生女一样贵！
   Nǎinai shuō, shēng nán shēng nǚ yíyàng guì!

   → La nonna dice che ....

12 - PARAGONI

5. 这两个国家的生活习惯差不多。
Zhè liǎng ge guójiā de shēnghuó xíguàn chà bu duō.
→ Questi due Paesi ....

Superlativo: il più… e il meno…

Il superlativo si forma collocando 最 zuì *il più*, *il meno*, davanti a un verbo:

你最喜欢哪个国家？   我最不喜欢吃苦瓜。
Nǐ zuì xǐhuān nǎ ge guójiā?   **Wǒ zuì bù xǐhuān chī kǔguā.**
(tu più gradire quale *cl. ge* paese)   (io più neg. gradire mangiare zucca amara)
Qual è il paese che ti piace di più?   Io detesto mangiare la zucca amara.

10 Associate per completare le frasi:

1. 我们的房间最不＿＿＿＿
   Wǒmen de fángjiān zuì bù ....
   La nostra camera è la più sporca.

   A. 最多
   zuì duō

2. 世界上＿＿＿＿的国家是俄国。
   Shìjiè shàng .... **de guójiā shì Éguó.**
   Il paese più grande al mondo è la Russia.

   B. 最好
   zuì hǎo

3. 这里＿＿＿＿气温是45° C。
   Zhèlǐ .... **qìwēn shì sì shí wǔ dù.**
   Qui la temperatura più alta è di 45°.

   C. 最大
   zuì dà

4. 笔画＿＿＿＿的是什么汉字？
   Bǐhuà .... **de shì shénme hànzì?**
   Qual è il carattere cinese che ha più tratti?

   D. 最高
   zuì gāo

5. 我买了＿＿＿＿的柿子。
   Wǒ mǎi le .... **de shìzi.**
   Ho comprato i migliori cachi.

   E. 干净
   gānjìng *pulita*

Complimenti, siete alla fine del capitolo 12! Ora è il momento di contare le faccine e di scrivere il risultato a pagina 128 per la valutazione finale.

13
Passato, presente, futuro

Il tempo e il luogo

- Poiché il cinese non ha tempi verbali, la collocazione temporale dell'azione è indicata principalmente da riferimenti temporali. Questi precedono sempre il verbo, ma possono sia precedere che seguire il soggetto.

- Il cinese colloca le categorie più generali prima di quelle più specifiche. Poiché il tempo è considerato più generale rispetto al luogo, normalmente l'ordine degli elementi sarà:

tempo ➜ luogo ➜ azione

1 Inserite il verbo essere al tempo utilizzato in italiano

1. 以前怎么样？
   Yǐqián zěnmeyàng?
   ➜ Prima come .... ?

2. 过去怎么样？
   Guòqù zěnmeyàng?
   ➜ In passato come .... ?

3. 现在怎么样？
   Xiànzài zěnmeyàng?
   ➜ Ora, come .... ?

4. 以后怎么样？
   Yǐhòu zěnmeyàng?
   ➜ Poi come .... ?

5. 将来怎么样？
   Jiānglái zěnmeyàng?
   ➜ In futuro, come .... ?

6. 最近怎么样？
   Zuìjìn zěnmeyàng?
   ➜ Ultimamente come .... ?

2 Osservate le temperature per rispondere alle domande:

zuótiān	ieri	dù	grado
jīntiān	oggi	tiānqì	tempo meteorologico
míngtiān	domani	yǒudiǎn lěng	fare un po' freddo
zǎoshang	mattina presto	rè	caldo
zhōngwǔ	mezzogiorno	hái bǐjiào rè	ancora abbastanza caldo
Shěnyáng	Shenyang (città)		
Xiānggǎng	Hong Kong	bǐjiào nuǎnhuo	abbastanza mite
qìwēn	temperatura	liángkuài	fresco

13 - PASSATO, PRESENTE, FUTURO

Momento della giornata:	Luogo in Cina:	Ieri 29 Ottobre	Oggi 30 Ottobre	Domani 31 Ottobre
prima mattina	Shenyang (nord-est)	12°	16°	10°
mezzogiorno	Hong Kong (sud)	27°	25°	28°

今天早上沈阳气温多少度？
Jīntiān zǎoshang Shěnyáng qìwēn duōshao dù?
1. ....

明天早上天气怎么样？多少度？
Míngtiān zǎoshang tiānqì zěnmeyàng? Duōshao dù?
2. ....

昨天中午香港多少度？
Zuótiān zhōngwǔ Xiānggǎng duōshao dù?
3. ....

今天呢？
Jīntiān ne?
4. ....

明天呢？
Míngtiān ne?
5. ....

去年	qùnián	l'anno scorso
今年	jīnnián	quest'anno
明年	míngnián	l'anno prossimo
前年	qiánnián	due anni fa
后年	hòunián	tra due anni

Devo pensare a non ricalcare l'ordine delle parole dell'italiano. Il riferimento temporale si mette prima del verbo.

1. Il vostro ultimo figlio è nato **(chūshēng)** l'anno scorso.
2. Avete intenzione **(dǎsuàn)** di andare a lavorare in Cina l'anno prossimo.
3. Dovete imparare a parlare in inglese quest'anno.
4. Andrete negli Stati Uniti o in Canada nei prossimi due anni.
5. Rimarrete **(liú zài)** qui quest'anno.

PASSATO, PRESENTE, FUTURO - 13

Scorso e prossimo

- Per precisare la cronologia di mesi, settimane o... secoli, si utilizzano i determinanti 上 **shàng** *scorso*; 这 **zhè** *questo*, o 本 **běn** *in corso*; 下 **xià** [hsia] *prossimo*:

上次
shàng cì [z']
la volta scorsa

这次
zhè cì [djə z']
questa volta

下次
xià cì [hsia z']
la prossima volta

- A volte si inserisce anche un classificatore, ma non è obbligatorio:

上个世纪
shàng (ge) shìjì [sh' ji]
Il secolo scorso

本世纪
běn shìjì
il secolo in corso

下个世纪
xià (ge) shìjì
il prossimo secolo

4 Associate:

A. questo sabato
B. questo mese
C. il mese prossimo
D. il mese scorso
E. la prossima settimana
F. martedì scorso

1. 上个月 **shàng (ge) yuè**
2. 下个星期 **xià (ge) xīngqī**
3. 这个周五 **zhè ge zhōuwǔ**
4. 下个月 **xià (ge) yuè**
5. 上个周二 **shàng (ge) zhōu'èr**
6. 这个月 **zhè ge yuè**

5 Collegate le frasi al passato con quelle al presente:

以前很贵
Yǐqián hěn guì
Prima...

我以前都不会说中文
Wǒ yǐqián dōu bú huì shuō zhōngwén
saper parlare

今天暖和了
jīntiān nuǎnhuo le
...mite.

早上下雪
Zǎoshàng xià xuě
...nevicare.

现在下雨了
xiànzài xià yǔ le
Adesso...

昨天很冷
Zuótiān hěn lěng
Ieri...

今天不舒服
jīntiān bù shūfu
...non stare bene

现在便宜多了
xiànzài piányi duō le
...il prezzo è sceso

我昨天晚上睡得很晚
Wǒ zuótiān wǎnshàng shuì de hěn wǎn
andare a letto tardi

现在会一点点
xiànzài huì yìdiǎndiǎn
...un po'

Passato   **presente**

es. Wǒ yǐqián dōu bú huì shuō zhōngwén xiànzài huì yìdiǎndiǎn

1. ....

2. ....

13 - PASSATO, PRESENTE, FUTURO

3. ....

4. ....

6 Quale riferimento temporale evocano questi caratteri?

1. 天 → ....
2. 早 → ....
3. 晚 → ....
4. 午 → ....

5. 今 → ....
6. 明 → ....
7. 昨 → ....
8. 去 → ....

Passato recente e futuro prossimo

- Per indicare un passato recente si usano l'avverbio 刚 **gāng** *appena*, o 刚才 **gāngcái** *or ora, poco fa*:

我刚到
Wǒ gāng dào.
Sono appena arrivata/o.

刚才有人找你。
Gāngcái yǒu rén zhǎo nǐ.
Poco fa c'era qualcuno che ti cercava.

- Per indicare il futuro prossimo si usa la costruzione 快 **kuài...** 了 **le** o 快要 **kuài yào...** 了 **le** *a breve, essere sul punto di*. La particella finale 了 **le** esprime in questo caso un cambiamento imminente:

他快三十岁了。
Tā kuài sān shí suì le.
Sta per compiere trent'anni.

快要八点了。
Kuài yào bā diǎn le.
Sono quasi le otto.

7 Cosa manca?

1. 她____要走。
   Tā .... **yào zǒu.**
   Sta quasi per partire.

2. 飞机____起飞。
   Fēijī .... **qǐ fēi.**
   L'aereo è appena decollato.

3. 新年____到了。
   Xīnnián .... **dào le.**
   Presto arriverà il nuovo anno.

4. 我____起床。
   Wǒ .... **qǐ chuáng.**
   Mi sono appena alzata/o.

5. ____桌子上有我的钥匙。
   .... **zhuōzi shàng yǒu yàoshi.**
   Or ora c'erano le mie chiavi sul tavolo.

6. 我____在洗澡。
   Wǒ .... **zài xǐ zǎo.**
   Mi sono appena fatta/o la doccia.

PASSATO, PRESENTE, FUTURO - 13

Ho capito!

Anna: Ho una domanda, ti ho sentito dire: **Wǒmen dào le.** Siamo arrivati.
Wang: Sì, e quindi?
Anna: Oggi ho imparato: **Wǒ gāng dào.** *Sono appena arrivata/o.* Non si mette il **le**?
Wang: Bella domanda! Beh… **gāng** e **le** sono incompatibili, è l'unica ragione. Al contrario, **gāngcái** è compatibile con **le**…
Anna: Quindi, se mi alzo dal letto dico: **Wǒ gāngcái qǐ chuáng le.**
Wang: Sì! O, se vuoi abbreviare: **Wǒ gāng qǐ chuáng.**
Anna: 明白了。 **Míngbai le.** *Ho capito.*

Il futuro

- Per indicare il futuro, il cinese utiizza spesso i verbi ausiliari 要 **yào** e 会 **huì**:

  快递一会儿要来。
  Kuàidì yíhuìr yào lái.
  Il corriere arriverà a momenti.

  一百年以后地球会怎么样？
  Yì bǎi nián yǐhòu dìqiú huì zěnmeyàng?
  Come sarà la terra tra cento anni?

- Un periodo futuro è evidenziato da 过 **guò** o 以后 **yǐhòu**. Fate attenzione a collocarli correttamente:

  过一年
  guò yì nián (passato un anno)
  tra un anno, da qui a un anno

  十年以后
  shí nián yǐhòu (dieci anni dopo)
  tra dieci anni, da qui a dieci anni

8 Scegliete le frasi più adatte alla situazione:

1. ◯ Il bollettino meteo annuncia pioggia.
2. ◯ Impossibile comprare dei biglietti online.
3. ◯ Preferite non parlare troppo al momento.
4. ◯ Incontrerete il/la vostro/a amico/a tra cinque minuti.
5. ◯ Il telefono del/la vostro/a amico/a è spento.

以后再说吧。
A. Yǐhòu zài shuō ba.

过几天就是春节了。
D. Guò jǐ tiān jiù shi Chūnjié le.

你过一会儿再打电话吧。
B. Nǐ guò yíhuìr zài dǎ diànhuà ba.

明天会下雨。
C. Míngtiān huì xià yǔ.

一会儿见。
E. Yíhuìr jiàn.

L'ordine delle parole modifica completamente il significato:
一会儿坐 **yíhuìr zuò** *sedersi tra un momento*
坐一会儿 **zuò yíhuìr** *sedersi un momento*

13 - PASSATO, PRESENTE, FUTURO

9 Collocate nel tempo:

	passato	presente	futuro
1. 今天暖和了。 Jīntiān nuǎnhuo le.	☐	☐	☐
2. 过几天就是春节了。 Guò jǐ tiān jiù shi Chūnjié le.	☐	☐	☐
3. 现在便宜多了。 Xiànzài piányi duō le.	☐	☐	☐
4. 我刚才起床了。 Wǒ gāngcái qǐ chuáng le.	☐	☐	☐
5. 快要八点了。 Kuài yào bā diǎn le.	☐	☐	☐
6. 新年快到了。 Xīnnián kuài dào le.	☐	☐	☐

Tempo trascorso

- Davanti al verbo, un'indicazione di tempo seguita da 以前 **yǐqián** o 前 **qián** si traduce con *(tempo) fa*:

  四年前
  sì nián qián (quattro anni prima)
  quattro anni fa

  很久以前
  hěn jiǔ yǐqián (molto a lungo prima)
  tanto tempo fa

- Quando il periodo di tempo è in posizione postverbale, si traduce *da (tempo)*. La particella finale 了 **le** fa arrivare il periodo di tempo al momento dell'enunciazione, come nell'esempio:

  我在这里三年了。
  Wǒ zài zhèli sān nián le.
  Sono qui da tre anni.

10 Traducete aiutandovi con la traduzione parola per parola:

很久以前有一条龙……
Hěn jiǔ yǐqián yǒu yì tiáo lóng...
(molto a lungo prima avere un *class.* drago)

我们结婚三年多了。
Wǒmen jié hūn sān nián duō le.
(noi legare matrimonio tre anni più **le**)

我几年前去过欧洲。
Wǒ jǐ nián qián qù guo Ōuzhōu.
(io alcuni anni prima andare-**guo** Europa)

这是一百年前的老照片。
Zhè shì yì bǎi nián qián de lǎo zhàopiàn.
(questa essere cento anni prima **de** vecchia foto)

哥哥十年前出国去美国读书。
Gēge shí nián qián chū guó qù Měiguó dú shū.
(fratello maggiore dieci anni prima uscire paese andare America studiare libro)

Complimenti, siete alla fine del capitolo 13! Ora è il momento di contare le faccine e di scrivere il risultato a pagina 128 per la valutazione finale.

14 I complementi

Il complemento oggetto

- In genere, il complemento oggetto si colloca dopo il verbo, come in italiano:

  你在看什么？ 我在看报。
  Nǐ zài kàn shénme? **Wǒ zài kàn bào.**
  Cosa stai leggendo? *Sto leggendo il giornale.*

- Se si tratta di un oggetto definito, può essere messo in rilievo all'inizio della frase senza aggiungere la virgola:`

  做练习 这个练习请你帮我做。
  zuò liànxí **Zhè ge liànxí qǐng nǐ bāng wǒ zuò.**
  fare degli esercizi (questo *class.* esercizio chiedere tu aiutare io fare)
  Questo esercizio, mi aiuti a farlo?

1 Inserite il complemento oggetto:

1. 这个 _____ 我没看过。

   Zhè ge ....

   wǒ méi kàn guo.

   Questo ...., non l'ho mai visto.

2. 这些 _____ 我都吃了。

   Zhè xiē ....

   wǒ dōu chī le.

   Questi ...., li ho mangiati tutti.

3. 我这个 _____ 刚买的。

   Wǒ zhè ge ....

   gāng mǎi de.

   Questo ...., l'ho appena comprato.

4. 你这个 _____ 通过了吗？

   Nǐ zhè ge ....**tōngguò le ma?**

   Il ...., l'hai superato?

14 - I COMPLEMENTI

2 Scegliete un verbo e un complemento oggetto per tradurre:

吃 chī   喝 hē   开 kāi   洗 xǐ

饭 fàn   酒 jiǔ   一杯茶 yì bēi chá   澡 zǎo   一碗汤 yì wǎn tāng

白饭 bái fàn   一瓶水 yì píng shuǐ   灯 dēng   手 shǒu

1. mangiare ➔ ....
2. mangiare del riso bianco ➔ ....
3. bere alcolici ➔ ....
4. bere una tazza di tè ➔ ....
5. bere una bottiglia d'acqua ➔ ....
6. bere una scodella di zuppa ➔ ....
7. accendere la luce ➔ ....
8. iniziare a servire il pasto ➔ ....
9. lavarsi le mani ➔ ....
10. farsi la doccia ➔ ....

3 Stesso esercizio:

走 zǒu   跑 pǎo   睡 shuì   放 fàng   上 shàng   取 qǔ

班 bān   网 wǎng   钱 qián   楼 lóu   路 lù

假 jià   心 xīn   觉 jiào   步 bù

1. camminare, andare a piedi ➔ ....
2. correre, fare una corsa a piedi ➔ ....
3. dormire ➔ ....
4. rassicurare, tranquillizzare ➔ ....
5. andare in vacanza ➔ ....
6. salire (i piani di un edificio) ➔ ....
7. partire ➔ ....
8. andare su Internet ➔ ....
9. iniziare il lavoro ➔ ....
10. ritirare dei soldi ➔ ....

I COMPLEMENTI - 14

4 Trovate i contrari osservando i caratteri:

1. 上山
2. 开门
3. 上班
4. 开灯
5. 进门

A. 下班
B. 关灯
C. 出门
D. 下山
E. 关门

山	shān	montagna
门	mén	porta
班	bān	classe
灯	dēng	lampada
进	jìn	entrare
出	chū	uscire
开	kāi	aprire
关	guān	chiudere

Di chi?

In italiano il complemento di specificazione in una domanda prevede l'uso della formula "di chi?". In cinese, si utilizza la particella 的 **de**:

这是谁的大衣？
Zhè shì shéi de dàyī?
Di chi è questo cappotto?

大衣是谁的？
Dàyī shì shéi de?
Il cappotto di chi è?

是我的。
Shì wó de.
È il mio.

5 Cosa direste in una situazione simile?

包	bāo	sacchetto, borsa
咖啡	kāfēi	caffè
袜子	wàzi	calze, calzini
乱	luàn	in disordine
请问	qǐng wèn	mi scusi (introduce una domanda)

1. Qualcuno ha dimenticato la borsa.
2. Per errore, avete preso un telefono che sembrava il vostro.
3. Un poliziotto chiede cortesemente se l'auto è la vostra.
   Voi rispondete di no.
4. Il bucato è finito, ma le calze di tutta la famiglia sono mischiate!
5. Il vostro vicino di tavolo si sta prendendo il vostro caffè.

14 - I COMPLEMENTI

A chi? Per chi?

In italiano, la domanda "a chi?, per chi?" serve anche a chiedere chi è il destinatario dell'azione. In cinese, alcuni verbi sono seguiti immediatamente dal destinatario secondo la struttura **verbo + destinatario + complemento oggetto**. Ad esempio:

我送你一朵玫瑰花。
Wǒ sòng nǐ yì duǒ méiguīhuā.
(io offrire tu una *class.* rosa fiore)
Ti regalo una rosa.

6 Mettete in corrispondenza le tre colonne:

1. 谁教你
   Shéi jiào nǐ

2. 我送她
   Wǒ song tā

3. 我告诉你
   Wǒ gàosù nǐ

4. 给我
   Gěi wǒ

5. 爷爷给你
   Yéye gěi nǐ

A. 一个秘密。
   yí ge mìmì.

B. 一个吻。
   yí ge wěn.

C. 一朵花。
   yì duǒ huā.

D. 个红包。
   ge hóngbāo.

E. 中文？
   zhōngwén?

1. *Ti dico un segreto.*

2. *Dammi un bacio.*

3. *Chi ti insegna cinese?*

4. *Le regalo un fiore.*

5. *Il nonno ti dà una busta rossa.*
   (contenente dei soldi per l'Anno Nuovo)

7 Numerate le caselle per ricostruire il dialogo:

zhīdào	sapere
shēngrì	compleanno
qǐng	invitare
nà	allora, in questo caso

☐ 太好了！
Tài hǎo le!

☐ 我请你吃饭。
Wǒ qǐng nǐ chī fàn.

☐ 那你送我什么？
Nà nǐ sòng wǒ shénme?

☐ 我知道。
Wǒ zhīdào.

☐ 今天是我的生日。
Jīntiān shì wǒ de shēngrì.

Gruppi preposizionali

Le preposizioni cinesi provengono spesso da verbi. Il gruppo preposizionale, ossia la preposizione seguita dal suo oggetto, si colloca davanti al verbo principale. Questa semplice regola è la chiave dei vostri progressi. Osservate:

跟	gēn	seguire	跟我来	gēn wǒ lái	venire con me
给	gěi	dare	给你打电话	gěi nǐ dǎ diànhuà	darti un colpo di telefono
和	hé	accordarsi	和你一起去	hé nǐ yiqǐ qù	andare insieme a te
在	zài	trovarsi	在这里读书	zài zhèli dú shū	studiare qui
对	duì	essere di fronte	对你说	duì nǐ shuō	dirti
帮	bāng	aiutare	帮你收拾	bāng nǐ shōushí	aiutarti a riordinare
用	yòng	utilizzare	用筷子吃饭	yòng kuàizi chī fàn	mangiare con le bacchette

8 Ricostruite le frasi e collegatele alla rispettiva traduzione:

1. 你会不会用筷子
   Nǐ huì bu huì yòng kuàizi
2. 我帮你
   Wǒ bāng nǐ
3. 妈妈给李明
   Māma gěi Lǐ Míng
4. 我不跟你
   Wǒ bù gēn nǐ
5. 我给你
   Wǒ gěi nǐ

A. 说了。
   shuō le!
B. 介绍一下。
   jièshào yíxià.
C. 吃鸡蛋？
   chī jīdàn.
D. 讲故事。
   jiǎng gùshi.
E. 学意大利文，好吗？
   xué Yìdàlìwen hǎo ma?

1. La mamma racconta una storia a Li Ming.
2. Ti presento.
3. Sai mangiare le uova con le bacchette?
4. Non parlo più con te.
5. Ti aiuto a studiare italiano, va bene?

9 Inserite l'elemento in blu nella frase:

máobǐ	pennello
xiě zì	scrivere (caratteri)
yìqǐ	insieme
bù	classificatore

yīshēng	dottore
kāi yào	prescrivere una medicina
zhōngyào	medicina cinese
pópo	suocera

14 - I COMPLEMENTI

Collocare correttamente il gruppo preposizionale non è così semplice!

用毛笔
yòng máobǐ

"和你在一起"
"Hé nǐ zài yìqǐ"

在哪儿？
zài nǎr?

给我
gěi wǒ

跟你婆婆
gēn nǐ pópo

1. 写字难不难？
   xiě zì nán bu nán?

2. 李明喜欢看这部老电影。
   Lǐ Míng xǐhuān kàn zhè bù lǎo diànyǐng.

3. 你工作
   nǐ gōngzuò

4. 医生开了中药。
   yīshēng kāi le zhōngyào.

5. 一起住可以吗？
   yìqǐ zhù kěyi ma?

Stessa pronuncia, stesso tono, ma significato diverso!

Eh sì, gli omofoni in cinese sono tanti. Come si fa a distinguerli? Leggendo il carattere, ovviamente! Oppure dal contesto:

要	药	我不要吃药。
yào	**yào**	→ Wǒ bú yào chī yào.
volere	*medicina*	*Non voglio prendere la medicina.*

10 Confrontate gli omofoni e completate:

男 **nán** *maschio, ragazzo* / 难 **nán** 1. ....

部 **bù** *(classificatore)* / 不 **bù** 2. ....

医 **yī** *scienza medica, medicina* / 一 **yī** 3. ....

再 **zài** *ancora, un'altra volta* / 在 **zài** 4. ....

笔 **bǐ** *pennello, penna* / 比 **bǐ** 5. ....

Complimenti, siete alla fine del capitolo 14! Ora è il momento di contare le faccine e di scrivere il risultato a pagina 128 per la valutazione finale.

15
Verbi ausiliari

Saper fare ed essere a conoscenza

Il saper fare qualcosa si esprime con l'ausiliare 会 **huì** mentre il verbo 知道 **zhīdào** indica la conoscenza di un'informazione:

你会说英语吗？　　　你知道地址吗？　　　你知不知道她在哪儿？
Nǐ huì shuō yīngyǔ ma?　**Nǐ zhīdào dìzhǐ ma?**　**Nǐ zhī bu zhīdào tā zài nǎr?**
Tu sai parlare inglese?　*Conosci l'indirizzo?*　*Sai dove è lei?*

I Qual è il verbo mancante?

1. 你＿＿＿踢足球吗？ | *Tu sai giocare a calcio?*
   Nǐ .... **tī zúqiú ma?**

2. 你＿＿＿我爸是谁啊？！ | *Sai chi è mio padre?!*
   Nǐ .... **wǒ bà shì shéi a?!**

3. 当时人家不＿＿＿游泳。 | *A quel tempo, la gente non sapeva nuotare.*
   Dāngshí rénjiā bú .... **yǒngyǒng.**

4. 你＿＿＿地铁站叫什么？ | *Sai come si chiama la stazione della metro?*
   Nǐ .... **dìtiězhàn jiào shénme?**

5. 孩子＿＿＿说普通话，就是不敢说。 | *La/Il bambina/o sa parlare il cinese, solo che non se la sente (non osa parlare).*
   Háizi .... **shuō pǔtōnghuà, jiùshi bù gǎn shuō.**

Probabilità e certezza

L'ausiliare 会 **huì** esprime anche probabilità, presente o futura. Spesso è preceduto da un avverbio, che può esprimere dubbio, come 可能 **kěnéng** *forse*, o certezza, come 一定 **yídìng** *sicuramente, di certo*. Per esempio:

晚上可能会下雨。　　　　　明天一定会下雨。
Wǎnshàng kěnéng huì xià yǔ.　**Míngtiān yídìng huì xià yǔ.**
Forse questa sera pioverà.　*Domani pioverà di certo.*

15 - VERBI AUSILIARI

2 Associate:

1. 现在他不会在家里。
   Xiànzài tā bú huì zài jiā.

2. 我没想到会这么容易。
   Wǒ méi xiǎng dào huì zhème róngyì.

3. 八月去香港会有台风吗?
   Bā yuè qù Xiānggǎng huì yǒu táifēng ma?

4. 我看不一定。
   Wǒ kàn bù yídìng.

5. 你怎么会知道的?
   Nǐ zěnme huì zhīdào de?

A. *Come fai a saperlo?*

B. *Secondo me non è detto.*

C. *Non penso che lui sia a casa adesso.*

D. *Ci sono tifoni (se andiamo) a Hong Kong ad agosto?*

E. *Non pensavo che fosse così facile.*

3 Costruite un dialogo servendovi dell'esercizio 2:

想到	xiǎng dào	pensare che
香港	Xiānggǎng	Hong Kong
台风	táifēng	tifone
我看	wǒ kàn	secondo me

1. A vorrebbe andare a Hong Kong in agosto.
2. B fa notare ad A che potrebbero esserci tifoni.
3. A dice che non è detto.
4. B ribatte che A non è del posto, per cui non lo può sapere.
5. A ammette di non aver pensato che potrebbero esserci tifoni.

Non so se...

Per questo tipo di domanda indiretta in cinese si può utilizzare:
- la struttura verbo-negazione-verbo come 是不是 **shì bu shì**;
- l'interrogazione alternativa con 还是 **háishi** oppure;
- qualsiasi altra forma interrogativa.

我不知道是不是真的。
Wǒ bù zhīdào shì bu shì zhēn de.
Non so se sia vero (o no).

我不知道是对的还是错的。
Wǒ bù zhīdào shì duì de háishi cuò de.
Non so se sia giusto o sbagliato.

VERBI AUSILIARI - 15

4 Associate una frase a una situazione:

1. 不知道她是日本人还是韩国人。
   Bù zhīdào tā shì rìběnrén háishi hánguórén.

2. 不知道人类将来会用什么能源。
   Bù zhīdào rénlèi jiānglái huì yòng shénme néngyuán.

3. 你知道最近太阳几点升起吗?
   Nǐ zhīdào zuìjìn tàiyáng jǐ diǎn shēng qǐ ma?

4. 我不知道你们是不是喜欢吃奶酪。
   Wǒ bu zhīdào nǐmen shì bu shì xǐhuān chī nǎilào.

5. 不知道以后会不会有地铁。
   Bù zhīdào yǐhòu huì bu huì yǒu dìtiě.

A. *Ai miei/Alle mie invitati/e cinesi piace il formaggio?*

B. *Mi sono dimenticata/o se questa artista è giapponese o coreana.*

C. *Speriamo che la metro arrivi anche nel nostro quartiere.*

D. *Quali fonti energetiche utilizzerà l'umanità in futuro?*

E. *Mi chiedono a che ora sorga il sole in questi giorni.*

Volontà e intenzionalità

- Il verbo 想 **xiǎng**, *avere il desiderio di,* è una forma meno forte rispetto a 要 **yào** *volere*.
- Il verbo 打算 **dǎsuàn**, *avere l'intenzione di,* attiene ai progetti.
- Il verbo 愿意 **yuànyì**, *desiderare* riguarda il soggetto in modo personale.

5 Mettete in ordine le parole:

吃 / 要 / 还 / 吗 / 你 / 面
chī/yào/hái/ma/nǐ/miàn | *Vuoi ancora tagliatelle?*

1. ....

哪儿 / 去 / 你 / 想
nǎr/qù/nǐ/xiǎng | *Dove vorresti andare?*

2. ....

不 / 我 / 东西 / 去 / 买 / 想
bù/wǒ/dōngxi/qù/mǎi/xiǎng | *Non ho voglia di andare a fare spesa.*

3. ....

15 - VERBI AUSILIARI

做/你/打算/什么/今晚 | *Cosa hai in programma di fare stasera?*
zuò/nǐ/dǎsuàn/shénme/jīnwǎn

4. ....

结婚/愿意/他/跟/我/不 | *Non ho nessuna intenzione di sposarmi con lui.*
jié hūn/yuànyì/tā/gēn/wǒ/bù

5. ....

6 Attribuite correttamente le frasi seguenti:

zhǔnbèi	preparare
wán	finire
tián biǎo	compilare un modulo
yàn xuè	fare l'esame del sangue
lǎojiā	luogo di origine
yǐjīng	già
yǐhòu	dopo
yǐqián	prima

Dovere e obbligo

- Il verbo 应该 **yīnggāi**, *dovere*, è il più facile da usare.
- Il verbo 得 **děi**, *dovere, essere necessario*, non viene utilizzato nella sua forma negativa.
- A seconda del contesto, il verbo 要 **yào** significa *volere* o *dovere*.

A. una dottoressa
B. una funzionaria
C. un lavoratore di origine rurale
D. un attore che deve andare in scena
E. uno straniero in ufficio

3. ☐
去验血以前
不要吃饭。
**Qù yàn xuè yǐqián
bú yào chī fàn.**

2. ☐
填完表以后
我应该做什么？
**Tián wán biǎo yǐhòu
wǒ yīnggāi zuò shénme?**

1. ☐
已经六点了，
我得准备准备了。
**Yǐjīng liù diǎn le,
wǒ děi zhǔnbèi zhǔnbèi le.**

5. ☐
春节我得回老家。
Chūnjié wǒ děi huí lǎojiā.

4. ☐
星期一到星期五
我没空，要工作。
**Xīngqīyī dào xīngqīwǔ
wǒ méi kòng, yào gōngzuò.**

VERBI AUSILIARI - 15

7 **Associate:**

1. 你哪天有空？我想请你吃饭。
   Nǐ nǎ tiān yǒu kòng? Wǒ xiǎng qǐng nǐ chī fàn.

2. 我今天不舒服，
   Wǒ jīntiān bù shūfu,

3. 我住在东北。
   Wǒ zhù zài dōngběi.

4. 那儿可以滑雪吗？
   Nàr kěyi huá xuě ma?

5. 可不可以
   Kě bu kěyi

A. 开窗通风？
   kāi chuāng tōng fēng?

B. 当然可以，还可以滑冰。
   Dāngrán kěyi, hái kěyi huá bīng.

C. 不能吃东西。
   bù néng chī dōngxi.

D. 周末可以。
   Zhōumò kěyi.

E. 那儿冬天可冷了。
   Nàr dōngtiān kě lěng le.

Necessità e divieto

- Il verbo 需要 **xūyào**, *aver bisogno di*, indica necessità. La negazione è 不用 **bú yòng**, *non serve che, è inutile che*.

- Per indicare che qualcosa non è permesso, si usa 不可以 **bù kěyǐ** *non è possibile*, non è concesso *di*. 不许 **bù xǔ** ha un significato più forte: *è proibito*.

8 **Leggete le frasi per rispondere al test:**

1. 不许吃巧克力！
   Bù xǔ chī qiǎokèlì!

2. 我需要有人照看孩子。
   Wǒ xūyào yǒu rén zhàokàn háizi.

3. 我来帮你，你不用担心。
   Wǒ lái bāng nǐ, nǐ bú yòng dān xīn.

4. 煮饭不用放盐。
   Zhǔ fàn bú yòng fàng yán.

5. 没做完功课不可以玩电脑！
   Méi zuò wán gōngkè bù kěyǐ wán diànnǎo!

1. Ho paura	A. che Li Ming si senta male	B. che Li Ming menta	
2. Cerco	A. un/a bambino/a	B. un/a baby-sitter	C. un lavoro
3. Io voglio aiutare	A. un/a collega	B. un/a povero/a	C. un/a dottore/ssa
4. Mangeremo	A. riso alla cantonese	B. riso bianco	C. riso integrale
5. Parlo	A. a mio fratello minore	B. a mia madre	C. a un/a bambino/a

15 - VERBI AUSILIARI

airén	coniuge
fānyì	tradurre
yīshēng	dottore/ssa
chī yào	prendere una medicina

9 Ripasso: quale verbo ausiliare manca?

1. 我爱人也_____说一点点中文。
   Wǒ àirén yě .... shuō yìdiǎndiǎn zhōngwén.

2. 不懂，我们_____有人翻译。
   Bù dǒng, wǒmen .... yǒu rén fānyì.

3. 今天下午可能_____下雪。
   Jīntiān xiàwǔ kěnéng .... xià xuě.

4. 医生说你没有病，_____吃药。
   Yīshēng shuō nǐ méi yǒu bìng, ... chī yào.

5. 对不起，已经八点了，我_____回家。
   Duìbuqǐ, yǐjīng bā diǎn le, wǒ .... huí jiā.

A volte confondo 要 **yào** [yao] *volere* e 有 **yǒu** [you] *avere*. Allora la gente si chiede cosa stia dicendo…

10 Ripasso: che significato ha il verbo ausiliare?

Necessità
Possibilità
Inutilità
Capacità
Intenzione
Permesso
Futuro
Saper fare
Volontà
Progetto

1. 你能吃多少？
   Nǐ néng chī duōshao?

2. 她快要走了。
   Tā kuài yào zǒu le.

3. 还得等三个小时。
   Hái děi děng sān ge xiǎoshí.

4. 我不会用筷子吃饭。
   Wǒ bú huì yòng kuàizi chī fàn.

5. 我明年要去中国。
   Wǒ míngnián yào qù Zhōngguó.

6. 你打算怎么去？
   Nǐ dǎsuàn zěnme qù?

7. 这不用多说了。
   Zhè bú yòng duō shuō le.

8. 可不可以用你的手机？
   Kě bu kěyǐ yòng nǐ de shǒujī?

9. 我的车能不能修理？
   Wǒ de chē néng bu néng xiūlǐ?

10. 这里可以取钱吗？
    Zhèli kěyǐ qǔ qián ma?

Complimenti, siete alla fine del capitolo 15! Ora è il momento di contare le faccine e di scrivere il risultato a pagina 128 per la valutazione finale.

16
Sensazioni, impressioni, pareri, sentimenti

Sensazioni fisiche

Il verbo attributivo può esprimere una sensazione o uno stato fisico:

你冷吗？	我很冷。	你累不累？	有点累。
Nǐ lěng ma?	Wǒ hěn lěng	Nǐ lèi bu lèi?	Yǒudiǎn lèi
Hai freddo?	Ho molto freddo.	Sei stanca/o?	Sono un po' stanca/o.

1 Ricostruite il dialogo:

导游
dǎoyóu
La guida turistica

游客
yóukè
Un/a turista
(che ha una brutta cera)

1. 今天怎么样？
   Jīntiān zěnmeyàng?

2. 累不累？
   Lèi bu lèi?

3. 你怎么了？
   Nǐ zěnme le?

4. 病了吗？
   Bìng le ma?

5. 我带你去看病。
   Wǒ dài nǐ qù kàn bìng.

A. 没有，就是有点不舒服。
   Méi yǒu, jiùshi yǒudiǎn bù shūfu.

B. 不用，喝点茶就好了。
   Bú yòng, hē diǎn chá jiù hǎo le.

C. 有点累。
   Yǒudiǎn lèi.

D. 没事。
   Méi shì.

E. 还好。
   Hái hǎo.

Educazione

Ho notato che in Cina si evita di lamentarsi con chi si conosce poco. Ma mi sono sorpresa che la guida turistica mi abbia dato subito del tu. È anche vero che abbiamo circa la stessa età.

16 - SENSAZIONI, IMPRESSIONI, PARERI, SENTIMENTI

Né essere, né avere

Per esprimere una sensazione, che sia fisica o meno, non si usano i verbi "essere" o "avere", ma solo l'aggettivo verbale, spesso preceduto dall'avverbio 很 hěn *molto* (vedi pagina 11). Ad esempio:

我很饿。 我们很高兴
Wǒ hěn è. **Wǒmen hen gāoxìng.**
Ho fame *Siamo contente/i*

2 Associate questi radicali a delle sensazioni:

6 radicali comuni:

1.	2.	3.	4.	5.	6.
氵	冫	灬	囗	飠	疒
acqua (tre gocce)	ghiaccio (due gocce)	fuoco (quattro fiamme)	muro di cinta (quattro muri)	cibo (cereali)	malattia

A.	B.	C.	D.	E.	F.	G.
冷	热	饿	渴	困	痛	疼
lěng	**rè**	**è**	**kě**	**kùn**	**tòng**	**téng**
avere freddo	avere caldo	avere fame	avere sete	avere sonno	fare male	fare male

Sensazioni e gusto

- Il verbo 觉得 **juéde** *sentire, trovare che*, serve a esprimere una sensazione. La congiunzione "che" non si traduce:

我觉得屋里有点热。
Wǒ juéde wū lǐ yǒudiǎn rè.
Mi sembra un po' caldo nella stanza.

- Si può usare anche per esprimere i propri gusti:

我觉得当代艺术很有意思。
Wǒ juéde dāngdài yìshù hěn yǒu yìsi.
Trovo che l'arte contemporanea sia molto interessante.

SENSAZIONI, IMPRESSIONI, PARERI, SENTIMENTI - 16

3 Come lo diresti?

杂技	zájì	circo
节目	jiémù	spettacolo, numero
美	měi	bello/a

房间	fángjiān	stanza
头疼	tóu téng	avere mal di testa
这次旅游	zhè cì lǚyóu	questo viaggio (turistico)

1. I turisti sono molto contenti della loro visita, hanno solo un po' fame.
2. Vi è piaciuto molto questo spettacolo del circo.
3. Vi pare che faccia un po' caldo nella vostra stanza d'albergo.
4. Avete l'emicrania, ma dite alla guida che avete un po' di mal di testa.
5. Ritenete che il vostro viaggio sia molto interessante.

4 Pareri contrastanti:

kànfǎ	parere, opinione
wèntí	problema, domanda
liàng	(classificatore)
qíshí	infatti, in realtà
nàme	talmente, così

yánzhòng	grave
jǐnzhāng	intenso, teso
ānpái	organizzare, programmare
mǎmahūhū	così così
bù hǎo yìsi	essere in imbarazzo

别人的看法
Biérén de kànfǎ
Le opinioni degli altri:

我自己的看法
Wǒ zìjǐ [z jǐ] de kànfǎ
Le mie opinioni:

1. 妈妈觉得太贵了！
   Māma juéde tài guì le!

2. 他说这辆车真漂亮！
   Tā shuō zhè liàng chē zhēn piàoliang.

3. 他觉得问题很严重。
   Tā juéde wèntí hěn yánzhòng.

4. 她这样说，你很高兴。
   Tā zhèyàng shuō, nǐ hěn gāoxìng.

5. 大家都觉得安排得很好。
   Dàjiā dōu juéde ānpái de hěn hǎo.

A. 我说问题不大。
   Wǒ shuō wèntí bú dà

B. 其实不一定那么贵。
   Qíshí bù yídìng nàme guì.

C. 我觉得安排得太紧张。
   Wǒ juéde ānpái de tài jǐnzhāng.

D. 我觉得马马虎虎。
   Wǒ juéde mǎmahūhū.

E. 我听她说觉得很不好意思。
   Wǒ tīng tā shuō juéde hěn bù hǎo yìsi.

16 - SENSAZIONI, IMPRESSIONI, PARERI, SENTIMENTI

Verbi di opinione

Ecco tre verbi che servono per introdurre un'opinione:

我想	我看	我认为
Wǒ xiǎng…	Wǒ kàn…	Wǒ rènwei…
Io penso che, io credo che…	Secondo me (per come la vedo io), …	Io ritengo che …

5 Imitate questo modello per esprimere qualche opinione:

Soggetto:	Verbo d'opinione:	Argomento:	Che cosa si pensa:
我	想／看／认为	中文	很有用。
Wǒ	xiǎng/kàn/rènwei	zhōngwén	hen yǒu yòng.
Io	penso che	il cinese	sia molto utile.

这个人
zhè ge rén
questa persona

圣诞节
shèngdànjié
Natale

我男朋友
wǒ nán péngyou
il mio fidanzato

我女朋友
wǒ nǚ péngyou
la mia fidanzata

中国
Zhōngguó
la Cina

Se non ricordate come si usa 很 **hěn** con i verbi attributivi, ripassatelo a pagina 11.

很懒
hěn lǎn
pigro/a

很聪明
hěn cōngming
intelligente

还可以
hái kěyi
può andare

有点怪
yǒudiǎn guài
un po' strano/a

很远
hěn yuǎn
lontano

有问题
yǒu wèntí
avere problemi

很好玩
hěn hǎowán
divertente

很有意思
hěn yǒu yìsi
interessante

很不一样
hěn bù yíyàng
diversa/o

很好
hěn hǎo
bene

马马虎虎
mǎmǎhūhū
così così

SENSAZIONI, IMPRESSIONI, PARERI, SENTIMENTI - 16

 Associate domande e risposte:

érzi	figlio
lǐwù	regalo
néngyuán	fonte di energia

gòu	sufficiente
zuìjìn	di recente
jìnkǒu	importare

1. 你的儿子会不会来？
   Nǐ de érzi huì bu huì lái?

2. 能源够不够用？
   Néngyuán gòu bu gòu yòng?

3. 意大利圣诞节怎么样？
   Yìdàlì shèngdànjié zěnmeyàng?

4. 你爸爸身体好吗？
   Nǐ bàba shēntǐ hǎo ma?

5. 你觉得中文难学吗？
   Nǐ juéde zhōngwén nán xué ma?

A. 我觉得很好玩，很多礼物！
   Wǒ juéde hěn hǎowán, hěn duō lǐwù!

B. 我觉得……还可以。
   Wǒ juéde... hái kěyi.

C. 我认为将来还要进口。
   Wǒ rènwei jiānglai hái yào jìnkǒu.

D. 我看他今天没空。
   Wǒ kàn tā jīntiān méi kòng.

E. 我想他最近不舒服。
   Wǒ xiǎng tā zuìjìn bù shūfu.

 Trovate i caratteri uguali e poi trascriveteli:

Monosillabi

1. 重 — pesante
2. 近 — vicino
3. 玩 — giocare
4. 高 — alto
5. 能 — potere, potenza

Bisillabi:

最近 **zuìjìn** — recentemente

好玩 **hǎowán** — divertente

能源 **néngyuán** — risorsa energetica

严重 **yánzhòng** — grave

高兴 **gāoxìng** — felice, contento

Per entrare nella logica della frase cinese cerco il nesso tra i caratteri, le sillabe e il significato. Come voi, anch'io nuoto un po' nel "Mare di parole"... come si intitola un famoso dizionario!

16 - SENSAZIONI, IMPRESSIONI, PARERI, SENTIMENTI

8 Stesso esercizio:

Monosillabi

1. 病	2. 问	3. 用	4. 美	5. 看
malattia	chiedere	usare	bella/o	guardare

Bisillabi:

健美	问题	看病	看法	有用
jiànměi	wèntí	kàn bìng	kànfǎ	yǒuyòng
fitness	domanda, problema	andare da un/a dottore/ssa	opinione, punto di vista	utile

Comunicare la propria impressione e riferire informazioni

Le impressioni che in italiano si esprimono con verbi quali *sembrare*, *avere l'impressione che*, *si direbbe che*, *aver sentito dire che* ecc. si traducono con:

好像	看来	听说
hǎoxiàng	kàn lái	tīng shuō
Penso che, credo che...	(guardare venire) *sembra che*	(ascoltare dire) *aver sentito dire che*

9 Completate il pinyin:

1. 司机＿＿＿＿不会开车！
   Sījī ＿＿＿＿ bú huì kāi chē.
   Si direbbe che l'autista non sappia guidare!

2. 你＿＿＿＿很累，快去休息吧。
   Nǐ ＿＿＿＿ hěn lèi, kuài qù xiūxi ba.
   Hai l'aria stanca, presto, vatti a riposare.

3. 谁的车？＿＿＿＿是安娜的。
   Shéi de chē? ＿＿＿＿ shì Ān Nà de.
   Di chi è la macchina? Sembrerebbe di Anna.

SENSAZIONI, IMPRESSIONI, PARERI, SENTIMENTI - 16

4. _____女儿真的长大了。 | *Mia figlia sembra che sia veramente cresciuta.*
   .... nǚ'ér zhēnde zhǎng dà le.

5. _____工作条件不错。 | *Si dice che le condizioni di lavoro non siano male.*
   .... zhèli de gōngzuò tiáojiàn bú cuò.

10 Associate le frasi:

nénggòu	potere
xīwàng	sperare
kěxī	peccato (che)
hǎozài	per fortuna (che)
zhǎo dào	trovare (qualcuno)

kǒngpà	temere che
chá	consultare
dài	avere con sé
jǐn kuài	al più presto
ānquán	sicuro/a, sicurezza

1. 天气不好，太
   Tiānqì bù hǎo, tài

2. 希望你尽快
   Xīwàng nǐ jǐnkuài

3. 我希望能够去
   Wǒ xīwàng nénggòu qù

4. 好在带了手机，可以
   Hǎozài dài le shǒujī, kěyi

5. 你一个人
   Nǐ yí ge rén

A. 找到工作。
   zhǎo dào gōngzuò.

B. 中国。
   Zhōngguó.

C. 可惜了！
   kěxī le!

D. 去恐怕不太安全吧。
   qù kǒngpà bú tài ānquán ba.

E. 上网查查。
   shàng wǎng chá cha.

Complimenti, siete alla fine del capitolo 16! Ora è il momento di contare le faccine e di scrivere il risultato a pagina 128 per la valutazione finale.

Gruppo nominale

Determinante e determinato

In cinese il determinante precede sempre il determinato, anche in un gruppo nominale. La particella 的 **de** non ha in sé nessun significato, ma ha una funzione importante, quella di collegare il determinante al nome determinato:

determinante + 的 de + determinato

 Trovate l'intruso:

1. 我的电脑
   wǒ de diànnǎo

2. 我们公司的网站
   wǒmen gōngsī de wǎngzhàn

3. 你妈妈
   nǐ māma

4. 李明的哥哥
   Lǐ Míng de gēge

5. 这是谁的书包？
   Zhè shì shéi de shūbāo?

Amici e parenti

In linea di principio 的 **de** viene omesso quando si indicano parenti e amici del locutore. Confrontate:

我爸妈
wǒ bàmā
i miei genitori

我们家
wǒmen jiā
la nostra famiglia

我的自行车
wǒ de zìxíngchē
la mia bici

GRUPPO NOMINALE - 17

2 Seguite il modello per descrivere una foto della vostra famiglia:

Luogo	essere	mio/a mie/miei	(parente o amico)
中间 **Zhōngjiān** *In mezzo,*	是 **shì** *c'è*	我 **wǒ** *mia*	妹妹。 **mèimei** *sorella minore.*

这里	zhèli	qui
左边	zuǒbian	a sinistra
右边	yòubian	a destra
前边	qiánbian	davanti
后边	hòubian	dietro
旁边	pángbian	a fianco
爱人	àirén	consorte
父母	fùmǔ	genitori
儿子	érzi	figlio
女儿	nǚ'ér	figlia
哥哥	gēge	fratello maggiore

弟弟	dìdi	fratello minore
姐姐	jiějie	sorella maggiore
祖父母	zǔfùmǔ	nonni paterni
男朋友	nán péngyou	fidanzato
女朋友	nǚ péngyou	fidanzata
老朋友	lǎo péngyou	vecchio/a amico/a
新朋友	xīn péngyou	nuovo/a amico/a

I termini di parentela in cinese sono incredibilmente dettagliati… ma io semplifico. Quando ad esempio dico 我哥哥的爱人 **wǒ gēge de àirén**, *la consorte di mio fratello maggiore*, la gente mi riprende subito con il termine giusto: 嫂子 **sǎozi**. In viaggio io porto sempre una foto di famiglia, e voi?

3 Osservate, poi provate a tradurre le parole a destra:

一匹黑马
yì pǐ hēi mǎ
un cavallo nero

un cavallo bianco

1. ....

一只小狗
yì zhī xiǎo gǒu
un cagnolino

un cane grosso

2. ....

这座楼
zhè zuò lóu
questo palazzo

questo grande palazzo

3. ....

Fate caso all'ordine determinante-determinato in queste parole.

17 - GRUPPO NOMINALE

中学
zhōngxué
scuola media
(mezzo scuola)

scuola elementare

4. ....

词典
cídiǎn
dizionario
(parole registro)

dizionario di cinese

5. ....

 Stesso esercizio:

房间号
fángjiānhào
(stanza numero)
numero di stanza

numero di telefono

1. ....

鸡肉
jīròu
(pollo carne)
carne di pollo

carne di manzo

2. ....

上海话
shànghǎihuà
(Shanghai lingua)
shanghainese (dialetto)

pechinese

3. ....

平板电脑
píngbǎn diànnǎo
(piatto computer)
tablet

computer

4. ....

一个节日
yí ge jiérì
un giorno di festa

Festa di Primavera

5. ....

Uso della particella 的 nel gruppo nominale

La particella 的 **de** si omette nei gruppi nominali più comuni o brevi. È generalmente presente quando il gruppo nominale diventa più complesso. Confrontate:

中国科技
Zhōngguó kējì
la tecnologia cinese

中国大陆十年来的高科技
Zhōngguó dàlù shí nián lái de gāo kējì
l'high tech della Cina continentale negli ultimi dieci anni

5 Osservate la prima tabella, poi associatela alla seconda:

possessivo	dimostrativo	numerale	classificatore	aggettivo o nome	de	(aggettivo) + nome determinato
1. nǐ	zhè	liǎng	ge	Shànghǎi	de	lǎo péngyou
2.	zhè	sān	zhǒng	bù tóng	de	shuǐguǒ
3.	zhè		xiē	méi yòng	de	wányìr
4. nǐmen	zhè		jiā	gōngsī	de	guǎnggào
5.	zhè		shuāng	píxié	de	jiàgé

A. *questi tre diversi tipi di frutta*	这三种不同的水果
B. *la pubblicità della vostra società*	你们这家公司的广告
C. *il prezzo di questo paio di scarpe in pelle*	这双皮鞋的价格
D. *i tuoi/le tue due vecchi/e amici/che di Shanghai*	你这两个上海的老朋友
E. *questi aggeggi inutili*	这些没用的玩意儿

Quando il determinante nominale è una frase

La particella 的 **de** è indispensabile quando il determinante comprende anche un verbo. Questo tipo di gruppo nominale si traduce in italiano con una proposizione relativa:

我去的地方
wǒ qù de dìfang
il posto dove vado

你说的话
nǐ shuō de huà
le parole che dici, ciò che dici

很有用的小工具
hěn yǒu yòng de xiǎo gōngjù
uno strumento molto utile (che è molto utile)

17 - GRUPPO NOMINALE

6 Associate:

shāngdiàn	negozio
cài	pietanza
rènshi	conoscere

dǎ chē	prendere un taxi
yuǎn	lontano
gòu	abbastanza

màn	lentamente
hǎochī	buono/a (da mangiare)
yìsi	significato

1. 我去的商店不远，
   Wǒ qù de shāngdiàn bù yuǎn,

2. 你说的话
   Nǐ shuō de huà

3. 你喜欢看的电影
   Nǐ xǐhuān kàn de diànyǐng

4. 我认识的汉字还不够。
   Wǒ rènshi de hànzì hái bú gòu.

5. 我给你做的菜
   Wǒ gěi nǐ zuò de cài

A. 很有意思。
   hěn you yìsi.

B. 好吃吗？
   hǎochī ma?

C. 不用打车。
   bú yòng dǎ chē.

D. 都是美国的。
   dōu shì Měiguó de.

E. 没关系，慢慢学也可以。
   Méi guānxi, màn man xué yě kěyi.

Determinato sottinteso

Il nome determinato dopo 的 **de** è sottinteso quando è ovvio di cosa si stia parlando:

你买一个红的，我买一个蓝的，好吗？
Nǐ mǎi yí ge hóng de, wó mǎi yí ge lán de, hǎo ma?
Tu ne compri uno rosso e io uno blu, va bene?

7 Qual è il nome sottinteso dopo 的 **de**?

bāo	borsa
niánjí	anno (di scuola)
yì zhī bǐ	una penna
App	applicazione
gōngsī	società, azienda
kǒuyīn	accento
Hénán	(provincia)
lǜsè	di colore verde
jiè	prestare
diū	perdere
yòu	di nuovo

1. 我的包不是绿色的。
   Wǒ de bāo bú shì lǜsè de.

2. 他是一年级的，我是二年级的。
   Tā shì yī niánjí de, wǒ shì èr niánjí de.

3. 请借我一支笔，我的又丢了。
   Qǐng jiè wǒ yì zhī bǐ, wǒ de yòu diū le.

4. 这个App 是哪个公司的？
   Zhè ge App shì nǎ ge gōngsī de?

5. 不是北京的口音，是河南的。
   Bú shì Běijīng de kǒuyīn, shì Hénán de.

Nominalizzazione di verbi e aggettivi

Alcuni aggettivi o verbi che fungono da predicato possono essere nominalizzati con la struttura 是 **shì**... 的 **de**, che descrive il soggetto come appartenente alla categoria espressa nel predicato. Esempi:

这些家具都是新的。
Zhè xiē jiājù dōu shì xīn de.
Tutti questi mobili sono tutti nuovi.

这里的果汁都是现做的。
Zhèli de guǒzhī dōu shì xiànzuò de.
Qui i succhi di frutta sono tutti fatti al momento.

8 Cercate l'ordine delle parole:

灰色 / 这条 / 牛仔裤 / 是 / 的 / 。
huīsè / zhè tiáo / niúzǎikù / shì / de / . | *Questo paio di jeans è grigio.*
1. ....

真 / 是 / 的 / 这 / ，/ 不 / 的 / 假 / 是 / 。
zhēn / shì / de / zhè / , / bú / de / jiǎ / shì / . | *È vero, non è un falso.*
2. ....

谁 / 是 / 说 / 的 / 那 / ？
shéi / shì / shuō / de / nà /? | *Chi l'ha detto?*
3. ....

的 / 面包 / 这 / 是 / 吗 / 甜 / 种 / ？
de / miànbāo / zhè / shì / ma / tián / zhǒng /? | *Questo tipo di pane è dolce?*
4. ....

圆 / 说 / 是 / 的 / 古人 / 天 / ，/ 方 / 是 / 地 / 的 / 。
yuán / shuō / shì / de / gǔrén / tiān / , / fāng / shì / dì / de. | *Gli antichi dicevano che il cielo era rotondo e la terra quadrata.*
5. ....

Alcuni aggettivi che non possiedono un grado d'intensità (colori, forme, certezza ecc.) sono incompatibili con 很 **hěn**, *molto* e possono essere nominalizzati solo da 的 **de**.

17 - GRUPPO NOMINALE

Tre usi di 是 shì... 的 de

- **Appartenenza**
这是我的。
Zhè shì wǒ de.
Questa/o è mia/o.

- **Inquadramento di un gruppo verbale**
桌子是用什么做的?
Zhuōzi shì yòng shénme zuò de?
Di cosa è fatto il tavolo?

- **Enfatizzazione di un aggettivo**
蔬菜是很新鲜的。
Shūcài shì hěn xīnxiān de.
Le verdure sono molto fresche.

9 Decifrate e poi classificate per uso:

jiǎnlì	C.V.
zhàopiàn	foto
yánsè	colore
shǒuxiě	scrivere a mano
zhuānyè	specializzazione
xuǎnzé	scelta, scegliere
shíxísheng	stagista
nénggàn	capace, competente

1. 这个简历是您的吗?
   Zhè ge jiǎnlì shi nín de ma?

2. 照片是黑白的还是颜色的?
   Zhàopiàn shì hēi bái de háishi yánsè de?

3. 是你手写的吗?
   Shì nǐ shǒuxiě de ma?

4. 你这个专业是很有用的。
   Nǐ zhè ge zhuānyè shì hěn yǒu yòng de.

5. 你的选择是对的。
   Nǐ de xuǎnzé shì duì de.

6. 我们的实习生是很能干的。
   Wǒmen de shíxísheng shì hěn nénggàn de.

Mettere in evidenza una circostanza

- La costruzione 是 shi...的 de può essere usata anche per mettere in evidenza una circostanza legata all'azione (tempo, modo, luogo ecc.). In questo caso, l'azione si intende al passato e il verbo 是 shì può essere omesso se è in forma affermativa. Ad esempio:

我是昨天去的。
Wǒ shi zuótiān qù de.
È ieri che ci sono andata/o.

你们是怎么来的?
Nǐmen shi zěnme lái de?
Come siete venute/i?

你哪儿学的中文?
Nǐ nǎr xué de zhōngwén?
Dove hai studiato cinese?

- Confrontate:

我明天到。
Wǒ míngtiān dào.
Arriverò domani.

我是昨天到的。
Wǒ shì zuótiān dào de.
Sono arrivata/o ieri.

GRUPPO NOMINALE - 17

 Rispondete senza cambiare l'ordine dei costituenti della domanda:

chūshēng	nascere
rènshi	conoscersi
kāishǐ	cominciare
fāshāo	avere la febbre

nǎ yī nián?	in che anno?
cóng	a partire da, dal
suì	anno (di età)
hànzì	carattere cinese

你是哪一年出生的？
Nǐ shi nǎ yī nián chūshēng de?
1. ....

你们是什么时候认识的？
Nǐmen shi shénme shíhou rènshi de?
2. ....

李明是几岁开始学汉字的？
Lǐ Míng shi jǐ suì kāishǐ xué hànzì de?
3. ....

你从什么时候开始发烧的？
Nǐ cóng shénme shíhou kāishǐ fāshāo de?
4. ....

Ottimo lavoro!
E se siete ancora un po' in difficoltà, ricordate il detto:
欲速不达 **Yù sù bù dá**
(desiderare velocità non arrivare)
Chi fa le cose in fretta, non raggiunge l'obiettivo!

Complimenti, siete alla fine del capitolo 17! Ora è il momento di contare le faccine e di scrivere il risultato a pagina 128 per la valutazione finale.

SOLUZIONI

1. Questo è cinese!

1 1. *Uno* (numero); 2. *forza*; 3. *tu, tuo*; 4. *cavallo*; 5. *io, mio*.

2 1. 马 **mǎ** *cavallo*; 2. 力 **lì** *forza*; 3. 一 **yī** *uno*; 4. 你 **nǐ** *tu, tuo/a*; 5. 我 **wǒ** *io, mio/a*.

3 1. *tua madre*; 2. *tuo padre*; 3. *la prima, il primo*; 4. *il mio segreto*; 5. *il mio codice segreto*.

4 1. *Roma*; 2. *i miei genitori*; 3. *mio fratello minore*; 4. *È difficile?* 5. *Anna*.

5 1. 你好。**Nǐ hǎo.** 2. 马力，你好。**Mǎ Lì, nǐ hǎo.** 3. 你好吗？**Nǐ hǎo ma?** 4. 很好。**Hěn hǎo.** 5. 你呢？**Nǐ ne?**

6 1. 王一文，你好。**Wáng Yīwén, nǐ hǎo.** 2. 你好吗？**Nǐ hǎo ma?** 3. 你弟弟好吗？**Nǐ dìdi hǎo ma?** 4. 难吗？**Nán ma?** 5. 很难。**Hěn nán!**

7 1. 马力到了吗？**Mǎ Lì dào le ma?** 2. 马力，你好吗？**Mǎ Lì, nǐ hǎo ma?** 3. 意大利文难吗？**Yìdàlìwén nán ma?** 4. 比英文难吗？**Bǐ yīngwén nán ma?** 5. 要学吗？**(Nǐ) Yào xué ma?**

8 1. 马**mǎ**力**lì**，你**nǐ**好**hǎo**。4 caratteri = 4 sillabe; 2. 王**wáng**一**yī**文**wén**，你**nǐ**好**hǎo**吗**ma**？6 caratteri = 6 sillabe; 3. 很**hěn**好**hǎo**，你**nǐ**呢**ne**？4 caratteri = 4 sillabe; 4. 我**wó**到**dào**巴**bā**黎**lí**了 **le!** 5 caratteri = 5 sillabe; 5. 你**nǐ**要**yào**学**xué**法**fǎ**文**wén**吗**ma**？6 caratteri = 6 sillabe.

9 1. *wǒ mā*; 2. *Ān Nà*; 3. *Bālí*; 4. *dì yī*; 5. *tā*.

10 1. *wǒ*; 2. *nǐ*; 3. *hǎo*; 4. *mǎ*; 5. *Yìdàlìwén*.

2. Tradurre o non tradurre il verbo essere?

1 1. 你好。你是……？**Nǐ hǎo. Nǐ shì…?** 2. 我是安妮。**Wǒ shì Ān Nà.** 3. 他是谁？**Tā shì shéi?** 4. 是我的老师。**Shì wǒ de lǎoshī.** 5. 他姓王。**Tā xìng Wáng.**

2 Le i si pronunciano come in italiano nelle sillabe **ní**; **shéi**; **xìng**. Le i sono invece mute in **shì** e **lǎoshī**.

3 1. **Nǐ shì shéi?**; 2. **Nǐ shì Ān Nà ma?**; 3. **Nǐ de lǎoshī shì shéi?**; 4. **Shì Lǐ lǎoshī ma?**; 5. **Shì tā ma?**

4 1. 你 **nǐ** = *tu* - 他 **tā** = *lui*;
2. 是 **shì** = *essere* - 师 **shī** = *maestro/a*;
3. 马 **mǎ** = *cavallo* - 吗 **ma** = (particella interrogativa);
4. 好 **hǎo** = *buona/o, bene* - 老 **lǎo** *vecchia/o*;
5. 他 **tā** = *lui* - 她 **tā** = *lei*.

5 Si soffia per articolare la consonante iniziale o subito dopo nelle parole: 课 **kè** [k'e]; 很 **hěn** [h'en]; 喝 **hē** [h'e]; 怕 **pà** [p'a]; 汤 **tāng** [t'ang]. L'aspirazione è indicata con un apostrofo ['].

• Non si soffia dopo le consonanti **b, d, g**, per esempio 第 **dì** (prefisso per i numeri ordinali); 不 **bù** [bu] *no*; 关系 **guānxi** *relazione, rapporto*.

• Non si soffia nemmeno dopo **l, m, n**. Attenzione a non soffiare su 爱 **ài** *amare*.

6 好 **hǎo** *essere gentile, buona/o* e 好看 **hǎokàn** *essere bella/o (da vedere)*; 老 **lǎo** *essere anziana/o, vecchia/o*; 可爱 **kě'ài** *essere adorabile, carina/o*; 贵 **guì** [guéi] *essere cara/o, costosa/o*; 难 **nán** *essere difficile*.

7 Risposte cortesi: 2, 3; Risposte scortesi: 1, 4.

8 Per esempio: 1. 弟弟 **dìdi** *fratello minore*, 第一 **dì yī** *il/la primo/a*; 2. 秘密 **mìmì** *segreto*, 密码 **mìmǎ** *codice segreto*; 3. **bàba** *papà*, 爸妈 **bāmā** *genitori*; 4. 怕冷 **pà lěng** [len⁼] *temere il freddo*; 5. 可爱 **kě'ài** *adorabile*; 6. 不难 **bù nán** *non difficile*; 7. 很贵 **hěn guì** [h'en guei] *costosa/o*; 8. 第一棵 **dì yī kè** *la prima lezione*; 9. 好看 **hǎokàn** *bella/o*; 10. 是我。**Shì wǒ.** *Sono io.*

9 1. **Zhè shì zhōngwén ma? Shì.** 2. **Zhè wei shì Wáng Yīwén.** 3. **Ān nà shì nǐ de Yìdàlì wén lǎoshī ma?** 4. **Zhè shì Shànghǎi ma?** 5. **Zhè shì wǒ bàma, nà shì wǒ mèimei.**

10 1. 很多很多！**Hěn duō hěn duō!** *Sono molto numerosi (i cinesi)!* 2. 哼，是。**Heng, shì.** *Ehm, sì (io sono cinese).* 3. 不难。**Bù nán.** *No, non è difficile (il cinese).* 4. 不冷。**Bù lěng.** *No, non ho freddo.* 5. 爱喝！你呢？**Ài hē! Nǐ ne?** *Sì, mi piace (bere il latte)! E a te?*

3. Contare e cantare

1 2016 年 **èr líng yī liù nián** [nien]; 2017 年 **èr líng yī qī nián**; 2022 年 **èr líng èr èr nián**; 2034 年 **èr líng sān sì nián**.

2 8:00 **Bā diǎn le**; 9:12 **Jiǔ diǎn shí èr fēn le**; 10:00 **Shí diǎn le**; 11:00 **Shí yī diǎn le**; 15:16 **Sān diǎn shí liù fēn le**.

3 1D; 2E; 3A; 4F; 5B; 6C.

4 1. **dì yī kè** *la prima lezione*; 2. **dì èr kè** *la seconda lezione*; 3. **dì sān kè** *la terza lezione*; 4. **dì sì kè** *la quarta lezione*; 5. **dì wǔ kè** *la quinta lezione*; 6. **dì liù kè** *la sesta lezione*; 7. **dì yī nián** *il primo anno*; 8. **dì èr nián** *il secondo anno*; 9. **dì sān diǎn** *il terzo punto*; 10. **dì sì diǎn** *il quarto punto*.

5 1. *Io bevo un caffè alle undici.* 2. *A mezzogiorno ho molta fame.* 3. *Mangio alle 13.*

6 1. 我 **wǒ** è l'elemento grafico in comune; 2. Il piccolo quadrato a destra rappresenta una bocca 口 **kǒu** [k'ou]; 3. 马 **mǎ** è l'elemento grafico in comune e la parte del carattere che indica la pronuncia; 4. 饣 è l'elemento grafico in comune e indica un legame semantico con il cibo 5. 文 **wén** è l'elemento grafico in comune; 6. 亻 è l'elemento grafico in comune e raffigura una persona in piedi; 7. 也 è l'elemento grafico in comune; 8. 口 **kǒu** [k'ou] è l'elemento grafico in comune.

7 1. La parte bassa è uguale, ma 弟 **dì** ha due punti in alto mentre 第 **dì** ha il radicale bambù; 2. La parte destra è uguale, ma 难 **nán** ha una mano a destra mentre 谁 **shéi** ha il radicale parola; 3. In alto a destra, i tratti si incrociano in 九, ma non si incrociano in 几; 4. L'elemento 文 è identico, ma 这 ha il radicale passo.

SOLUZIONI

8 1. 上午 **shàngwǔ** [shanᵍ u] *mattino, mattinata*, letteralmente: salire (rif. al sole) + periodo; 中午 **zhōngwǔ** [djonᵍ u] *mezzogiorno*, letteralmente: metà + periodo; 午 **wǔ** [u] è il segno comune alle due parole 2. 中午 **zhōngwǔ** *mezzogiorno*; 中国 **Zhōngguó** [djonᵍ guo] *la Cina*; il segno 中 **zhōng** *mezzo, centro*, è comune alle due parole. 3. 中 **zhōng** *mezzo* è usato per Cina; 意大利 **Yìdàlì** per Italia; 文 **wén** *segno, scrittura*, è comune alle due parole.

9 • Sono quasi simmetrici i segni 八 **bā** *otto*, 十 **shí** *dieci*, 一 **yī** *uno*, 六 **liù** *sei*, 王 **wáng** *re*.
• Sono asimmetrici i segni 是 **shì** *essere*, 点 **diǎn** *punto*, 年 **nián** *anno*, 国 **guo** *paese*, 不 **bù** *no*.

10 1° tono: 鸡 **jī** *pollo*;
2° tono: 蛇 **shé** *serpente*, 牛 **niú** *mucca*, 羊 **yáng** *capra*;
3° tono: 马 **mǎ** *cavallo*;
4° tono: 象 **xiàng** *elefante*, 鹿 **lù** *cervo*.

11 1° tono: 一 **yī** *uno*, 三 **sān** *tre*, 七 **qī** *sette*, 八 **bā** *otto*, 山 **shān** *montagna*, 松 **sōng** *pino*;
2° tono: 十 **shí** *dieci*
3° tono: 五 **wǔ** *cinque*, 九 **jiǔ** *nove*, 我 **wǒ** *io*, 鼠 **shǔ** *topo, roditore*, 数 **shǔ** *contare*, 打 **dǎ** *colpire* 有 **yǒu** *avere*, 几 **jǐ** *quante/i*, 小 **xiǎo** *piccola/o*;
4° tono: 二 **èr** *due*, 四 **sì** *quattro*, 六 **liù** *sei*, 上 **shàng** *salire*, 到 **dào** *arrivare*, 让 **ràng** *lasciare*.

4. Tradurre il verbo avere

1 1. 有. **Yǒu**; 2. 没有. **Méi yǒu**; 3. 是. **Shì**; 4. 不是. **Bú shì** (Attenzione! Quando **bù** è seguito da un carattere al 4° tono, il 4° tono di **bù** diventa un 2° tono crescente).

2 1. 贵. **Guì**. *Sì* (è caro); 2. 不贵. **Bú guì**. *No* (non è caro); 3. 冷. **Lěng**. *Sì* (ho freddo); 4. 不冷. **Bù lěng**. *No.*; 5. 懂. **Dǒng**. *Sì* (capisco); 6. 不懂. **Bù dǒng**. *No.*

3 1D. *Ho molta sete, hai dell'acqua? – C'è dell'acqua fredda.* 2A. *Sei stanca/o? – Un po', e tu?* 3C. *Cosa mangi? – Il pesce.* 4E. *La amo. – Ma lei non ti ama...* 5B. *Ti aspetto alle 12.00, va bene? – Va bene.*

4 1. 说 **shuō** [shu'o] *dire*; 2. 国 **guó** [gu'o] *paese* in 中国人 **Zhōngguórén** [djonᵍ gu'o ren]; 3. 多 **duō** [du'o] *molte/i, numerose/i*; 4. 有 **yǒu** [yo'u] *avere, esserci*; 5. 对 **duì** [duei] *esatto, corretto*; 6. 太 **tài** [t'ai] *troppo*; 7. 没 **méi** [mei] negazione del verbo **yǒu** *avere*.

5 1. 有厕所吗? **Yǒu cèsuǒ** [z'ə su'o] **ma**? 2. 这位是德国朋友. **Zhè wèi shì Déguó péngyou**. 3. 李明, 你说什么? **Lǐ Míng, nǐ shuō shénme**? 4. 对吗? 对. **Duì ma? – Duì**. 5. 欧洲人多吗? **Ōuzhōurén** [o'u djo'u ren] **duō ma**? 6. 中国人爱高楼吗? **Zhōngguórén ài gāo lóu ma**?

6 1. Jiǎ: **Nǐ míngtiān wǎnshang yǒu kòng ma**? A: *Sei libera/o domani sera?* 2. Yǐ: **Duì-bu-qǐ, méi yǒu kòng**. B: *Mi dispiace, non ho tempo.* 3. Jiǎ: **Méi guānxi**. A: *Non importa.* 4. Yǐ: **Nǐ zhōusān yǒu shì ma**? B: *Hai da fare mercoledì?* 5. Jiǎ: **Méi yǒu, zhōusān wǎnshang bā diǎn kěyǐ**. A: *No, mercoledì sera alle 8 va bene.* 6. Yǐ: **Hǎo, zhōusān jiàn**. B: *D'accordo, ci vediamo mercoledì.* 7. Jiǎ: **Zhōusān jiàn**. A: *A mercoledì.*

7 Se avete trovato le associazioni corrette, complimenti! Altrimenti, 没关系 **méi guānxi**, *non importa!* Ecco le correzioni: 1F. **Yǒu shuǐ ma**? 2D. **Yǒu yú ma**? 3H. **Nǐ yǒu kòng ma**? 4G. **Yǒu wèntí ma**? 5C. **Ān'nà yǒu zhōngguó péngyou ma**? 6B. **Méi yǒu cèsuǒma**? 7A. **Yǒu lǜchá ma**?; 8E **Yǒu shénme tāng**?

8 1. **Jǐ diǎn le**? 2. **Qī diǎn yī kè**. 3. **Xièxie**. 4. **Bú kèqi**. 5. **Yǒu rén hē kāfēi**.

9 四 **sì** [s] *quattro*; 是 **shì** [sh] *essere*; 吃饭 **chī fàn** [ch' fan] *mangiare* (mangiare riso cotto); 十 **shí** [sh] *dieci*.

10 1. 没有. **Méi yǒu**. *No* (non c'è problema). 2. 不是. **Bú shì**. *No* (io non sono Ma Li). 3. 不累. **Bú lèi**. *No* (non sono stanca/o). 4. 不客气. **Bú kèqi**. *Prego* (non è necessaria tanta cortesia). 5. 没关系. **Méi guānxi**. *Non importa* (non serve che ti scusi). 6. 不懂. **Bù dǒng**. *No* (io non capisco). 7. 没有空. **Méi yǒu kòng**. *No* (non ho tempo). 8. 不对. **Bú duì**. *No* (non è giusto). 9. 我不怕. **Wǒ bú pà**. *Non ho paura*. 10. 不太难. **Bú tài nán**. *No, non è troppo difficile*. 11. 不是. **Bú shì**. *No, non sono tedesca/o*. 12. 宝宝不喝茶! **Bǎobao bù hē chá!** *No, il bebè non beve il tè!*

5. Dove sei?

1 1. 喂? 马力? **Wéi? Mǎ Lì**? *Pronto? Ma Li*? 2. 是我. 你好. **Shì wǒ. Nǐ hǎo**. *Sì, sono io. Buongiorno.* 3. 你在哪里? **Nǐ zài nǎli**? *Dove sei*? 4. 我在家. **Wǒ zài jiā**. *Sono a casa.* 5. 你在家什么? **Nǐ zài jiā zuò shénme**? *E cosa fai a casa?* 6. 工作. **Gōngzuò**. *Lavoro.* 7. 那你过来喝杯咖啡吧. **Nà nǐ guò-lái hē bēi kāfēi ba**. *Allora vieni a prendere un caffè...*

2 住 **zhù** [dju] *abitare*; 在 **zài** [zai] *trovarsi*; 坐 **zuò** [zuo] *sedersi*; 找 **zhǎo** [djao] *cercare*; 这里 **zhèli** [djə li] *qui*.

3 1. 您找谁? **Nín zhǎo shéi**? 2. 王大夫在吗? **Wáng dàifu zài ma**? 3. 在. 请坐. **Zài. Qǐng zuò** [tch'ing zuo]

4 1. 我/找: la parte in alto a destra e i tratti orizzontali sono diversi; 2. 那/哪: nell'interrogativo **nǎ** c'è l'aggiunta di una bocca all'inizio del carattere; 3. 大/太: un punto in basso li distingue; 4. 你/您: il pronome di cortesia Lei, **nín**, è uguale a **nǐ** con l'aggiunta di un cuore 心 in basso; 5. 住/在: le strutture e i componenti dei due caratteri in alto e a sinistra non hanno alcun rapporto; 6. 大/夫: il primo carattere si pronuncia **dà** o **dài**, il 2° ha un tratto orizzontale in più. La combinazione, **dàifu** *Dottore/ssa*, è un termine educato per rivolgersi a un/a medico/a.

5 1D; 2E; 3G; 4A; 5B; 6H; 7C; 8F.

6 3. 请问, 我在哪里? **Qǐng wèn, wǒ zài nǎli**? 5. 谢谢. **Xièxie**; 8. 再见. **Zài jiàn**.

7 1. 您找谁? **Nín zhǎo shéi**? *(Lei) Chi cerca?* 2. 王一文在吗? **Wáng Yīwén zài ma**? *C'è Wang Yiwen*? 3. 你住在北京吗? **Nǐ zhù zài Běijīng ma**? *Abiti a Pechino?* 4. 你住在这里吗? **Nǐ zhù zài zhèli ma**? *Abiti qui?* 5. 请问您住在哪儿? **Qǐng wèn nín zhù zài nǎr**? *Mi scusi, potrebbe dirmi dove abita?* 6. 你知道吗? **Nǐ zhīdào ma**? *Tu lo sai?*

❽ 1. 你在北京吗? **Nǐ zài Běijīng ma?** 2. 你在哪里 / 哪儿? **Nǐ zài nǎr/nǎli?** 3. 你在家吗? **Nǐ zài jiā ma?** 4. 你在家做什么? **Nǐ zài jiā zuò shénme?** 5. 你有空吗? **Nǐ yǒu kòng ma?** 6. 你过来喝茶吧。 **Nǐ guò-lái hē chá ba.**

❾ 1. 您好。 **Nín hǎo.** 2. 请问 **Qǐng wèn…** 3. 我不知道我在哪儿。 **Wǒ bù zhīdào wǒ zài nǎr.** 4. 谢谢, 再见。 **Xièxie, zài jiàn.**

❿ 1. 你/您找什么? **Nǐ/Nín zhǎo shénme?** 2. 你/您找谁? **Nǐ/Nín zhǎo shéi?** 3. 你/您住在哪里? **Nǐ/Nín zhù zài nǎli?** 4. 你/您知道我住在哪儿吗? **Nǐ/Nín zhīdào wǒ zhù zài nǎr ma?**

6. Dove vai?

❶ Per esempio: 我去药店，她去邮局。 **Wǒ qù yàodiàn, tā qù yóujú.** [uo tch'ü iao dien, t'a tch'ü you jü] *Io vado in farmacia e lei va alla posta.* 我去超市，她去菜场。 **Wǒ qù chāoshì** [ch'ao sh]**, tā qù càichǎng** [z'ai ch'anᵍ]. *Io vado al supermercato e lei va al mercato (ortofrutticolo).*

❷ 1. 请 **qǐng** *per favore*; 2. 前边 **qiánbiān** *davanti/avanti*; 3. 去 **qù** *andare*; 4. 一起 **yìqǐ** *insieme*.

❸ 1. 我去拿东西。 **Wǒ qù ná dōngxi**; 2. 你去买水果吧。 **Nǐ qù mǎi shuǐguǒ ba**; 3. 他去喝茶。 **Tā qù hē chá**; 4. 我们去买票。 **Wǒmen qù mǎi piào**; 5. 谁去买地图? **Shéi qù mǎi dìtú?**; 6. 我去工作。 **Wǒ qù gōngzuò.**

❹ 1B. *Dove vai a fare spesa? – Al supermercato.* 2D. *Vai al mercato per comprare la frutta? – Sì.* 3A. *Cosa andate a fare in libreria? – A comprare una cartina.* 4C. *Cosa vai a fare al parcheggio? – Vado a prendere delle cose.*

❺ 1. 我去药店买一些药。 **Wǒ qù yàodiàn mǎi yìxiē yào**; 2. **Wǒ qù shāngdiàn mǎi yìxiē píngguǒ**; 3. 我去房间拿一些衣服。 **Wǒ qù fángjiān ná yìxiē yīfu**; 4. 我去那边看看。 **Wǒ qù nàbian kàn-kan.**

❻ 1.馆; 2. 旅; 3. 果; 4. 药; 5. 店; 6. 场。

1. 馆 **guǎn** (=*edificio, negozio*) è comune a **lǚguǎn** *piccolo hotel*; **cháguǎn** *casa da tè*; **fànguǎn** *ristorante*;

2. 旅 **lǚ** (= *viaggio*) è comune a **lǚxíng** *viaggiare*; **lǚxíngshè** *agenzia viaggi*; **lǚguǎn** *piccolo hotel*;

3. 果 **guǒ** (= *frutto*) è comune a **shuǐguǒ** *frutta*; **píngguǒ** *mela*; **guǒzhī** *succo di frutta*;

4. 药 **yào** (= *medicina*) è comune a **yàodiàn** *farmacia*; **chī yào** *prendere delle medicine*; **zhōngyào** *medicina cinese*;

5. 店 **diàn** (= *negozio*) è comune a **shāngdiàn** *centro commerciale*; **shūdiàn** *libreria*; **yàodiàn** *farmacia*;

6. 场 **chǎng** = *superficie in uno spazio aperto*) è comune a **càichǎng** *mercato* (frutta e verdura); **jīchǎng** *aeroporto*; **tíngchēchǎng** *parcheggio*.

❼ Ecco il significato principale dei caratteri:

1. 场 **chǎng**, *spazio all'aperto* (anticamente era un'area dove venivano lasciati i cereali); 2. 馆 **guǎn**, *un edificio di uso comune*; 3. 药 **yào**, *medicina ricavata da una pianta*; 4. 果 **guǒ**, *frutto, risultato*; 5. 店 **diàn**, *negozio, boutique*; 6. 旅 **lǚ**, *viaggio*.

❽ 1C. *Mi scusi, dove c'è una farmacia nei paraggi?* 2B. *Vorresti andare in Cina?* 3C. *A che ora va all'aeroporto (Lei)?* 4B. *Vado a mangiare a casa di amici.* 5A. *Andiamo al mercato insieme, va bene?*

❾ 1. **Nǐ zài nǎ ge fàndiàn?** 2. **Nǐ qù-le nǎr?** 3. **Wǒ qǐng nǐ chī fàn** 4. **Nǐ zhù péngyou jiā ma?** 5. **Zài fànguǎn jiàn ba** 6. **Wǒ jiā méi yǒu tíngchēchǎng, tíng chē hěn nán.**

❿ 1. 你住在朋友家吗? **Nǐ zhù zài péngyou jiā ma?** 2. 昨天你/你昨天去了哪儿? **Zuótiān nǐ/Nǐ zuótiān qù-le nǎr?** 3. 我想请你吃饭。 **Wǒ xiǎng qǐng nǐ chī fàn.** 4. 你住在哪个饭店? **Nǐ zhù zài nǎ ge fàndiàn?** 5. 我们在饭馆见吧。 **Wǒmen zài fànguǎn jiàn ba.** 6. 我今天在家吃饭。 **Wǒ jīntiān zài jiā chī fàn.** 7. 我明天/明天我去你家。 **Wǒ míngtiān/Míngtiān wǒ qù nǐ jiā.** 8. 我家附近有停车场, 停车很方便。 **Wǒ jiā fùjìn yǒu tíngchēchǎng, tíng chē hěn fāngbiàn.**

7. Desiderio, volontà e intenzione

❶ Per esempio:

1. 我很想去上海看看，你呢? **Wǒ hěn xiǎng qù Shànghǎi kàn-kan, nǐ ne?** *Vorrei proprio andare a Shanghai (per vedere) e tu?*

2. 她不太想住纽约。 **Tā bú tài xiǎng zhù Niǔ Yuē, nǐ ne?** *A lei non piace molto vivere a New York, e a te?*

3. 你想去北京, 我也想去。 **Nǐ xiǎng qù Běijīng, wǒ yě xiǎng qù.** *Tu vorresti andare a Pechino, e io pure.*

❷ 1. *Anche io vorrei studiare un po' di caratteri cinesi.* 2. *E la tua macchina? È rotta?* 3. *Non sono mai stata/o a Pechino. Sono impegnata/o.*

❸ 1. **Hǎo jiǔ bú jiàn** 2. **Nǐ hǎo ma?** 3. **Wǒ hěn hǎo, kěshì hěn máng, nǐ ne?** 4. **Wǒ yě hěn máng** 5. **Máng shénme?** 6. **Xué zhōngwén** 7. **Shì ma?** 8. **Shì de.** 9. **Wǒ de zhōngwén shū nǐ yào kàn ma?** 10. **Yào kàn**.

❹ 1CDEF. [é]: 学 **xué** *studiare*, 也 **yě** *anche*, 一些 **yìxiē** *alcuni/e*, 纽约 **Niǔyuē** *New York*; 2GH. [ə]: 车 **chē** *auto, veicolo*, 可是 **kěshì** *ma, però*; 3AB. [en]: 中文 **zhōngwén** *il cinese*, 很 **hěn** *molto*; 4K. [an]: 看 **kàn** *guardare*; 5I. [anᵍ]: 忙 **máng** *occupata/o*; 6J. [ianᵍ]: 想 **xiǎng** *volere*; 7K. [ien]: 见 **jiàn** *incontrare*.

❺ 1. 甲：明天我们去哪里? **Jiǎ: Míngtiān wǒmen qù nǎli?** 2. 乙：你想去哪儿? **Yǐ: Nǐ xiǎng qù nǎr?** 3. 甲：我想去买东西。 **Jiǎ: Wǒ xiǎng qù mǎi dōngxi.** 4. 乙：你要买什么? **Yǐ: Nǐ yào mǎi shénme?** 5. 甲：我不知道。 **Jiǎ: Wǒ bù zhīdào.** 6. 乙：你不知道你要买什么? **Yǐ: Nǐ bù zhīdào nǐ yào mǎi shénme?** 7. 甲：知道, 可是我没有钱。 **Jiǎ: Zhīdào, kěshì wǒ méi yǒu qián.**

❻ 1. 我们 **wǒmen**; 2. 想去 **xiǎng qù**; 3. 去 **qù**; 4. 要 **yào**; 5. 不 **bù**; 6. 要 **yào**; 7. 可是 **kěshì**.

❼ 1. L'intruso è 有 **yǒu** [iou] *avere*, perché tutti gli altri hanno una finale in [ao]; gli omofoni sono 要 **yào** *volere* e 药 **yào** *medicina*.

2. L'intruso è 想 **xiǎng** [hsianᵍ] *avere il desiderio di*, perché gli altri finiscono in **ian** [ien]; gli omofoni sono 前 **qián** *davanti, prima*, e 钱 **qián** *soldi*.

SOLUZIONI

❽ 1B. Anna vuole studiare il cinese. **2D.** Il piccolo Li Ming vorrebbe andare in Cina con i suoi genitori per vedere la sua famiglia. **3A.** Wang Yiwen vorrebbe aiutuare Anna a studiare il cinese. **4C.** Lin Xiaomei, una studentessa di arte, vorrebbe studiare l'italiano per andare in Italia, un giorno.

❾ Per esempio: 我明年不想回家。**Wǒ míngnían bù xiǎng huí jiā.** *Non voglio ritornare a casa il prossimo anno*; 她现在就要发财。**Tā xiànzài jiù yào fā cái.** *Lei vuole diventare ricca ora*; 你将来要结婚吗? **Nǐ jiānglái yào jié hūn ma?** *Vorresti sposarti in futuro?*

8. Come?

❶ 1. 天气怎么样? **Tiānqì zěnmeyàng?** *Com'è il tempo?* **2.** 你们怎么样? **Nǐmen zěnmeyàng?** *Tu come stai?* **3.** 中文怎么样? **Zhōngwén zěnmeyàng?** *Com'è il cinese?* **4.** 你爸爸怎么样? **Nǐ bàba zěnmeyàng?** *Come sta tuo padre?*

❷ Esempi: 我觉得交通不太方便。**Wǒ juéde** [djüe də] **jiāotōng** [jiao t'onᵍ] **bú tài fāngbiàn.** *Penso che i mezzi di trasporto non siano molto comodi*; 我觉得学法语有点难。**Wǒ juéde xué Yìdàlìyǔ** [hsüe yi da li ü] **yǒudiǎn nán.** *Mi sembra che studiare l'italiano sia un po' difficile.*

❸ 1C; 2B; 3A.

❹ 1. 吃中餐怎么样? **Chī zhōngcān zěnmeyàng?** **2.** 今天晚上出去玩怎么样? **Jīntiān wǎnshang chū-qù wán zěnmeyàng?** **3.** 我帮助你学意大利语怎么样? **Wǒ bāngzhù nǐ xué Yìdàlìyǔ zěnmeyàng?** **4.** 一起踢足球怎么样? **Yīqǐ tī zúqiú zěnmeyàng?**

❺ 1B. *Come si beve il whisky? – Tutto d'un fiato!* **2C.** *Ma Li è malato, come si fa? – Vada a farsi visitare*; **3D.** *Non hai l'auto, come ci vai? – A piedi.*; **4A.** *Il/La dottore/ssa non c'è, come si fa? – Andiamo al pronto soccorso.*

❻ 1. Nǐ zhù zài nǎ ge fàndiàn? *In quale hotel alloggi?* **2. Huádū fàndiàn. Cóng fàndiàn dào Kǒng miào yuǎn ma?** *All'hotel Huadu. È lontano l'Hotel dal tempio di Confucio?* **3. Bù yuǎn, zǒu lù bú dào shí fēnzhōng.** *Non è lontano, meno di dieci minuti a piedi.* **4. Wǒ xǐhuān zǒu lù.** *Mi piace camminare.*

❼ 1. 请 **qǐng** [tch'inᵍ]; 怎么 **zěnme**; 走 **zǒu** [zou] **2.** 远 **yuǎn** [üen] **3.** 你 **nǐ**; 喜欢 **xǐhuān** [hsi h'uan]; 走路 **zǒu lù** **4.** 对不起 **duì-bu-qǐ** [duei bu tch'i]; 我 **wǒ**; 懂 **dǒng** **5.** 我 **wǒ**; 你 **nǐ**; 有 **yǒu**.

❽ Per esempio: 我打车去上班。**Wǒ dǎ chē qù shàng bān**; *Vado al lavoro in taxi.* 她坐火车回国。**Tā zuò huǒchē huí guó**; *Lei torna nel suo paese in treno.* 她坐地铁去机场。**Tā zuò dìtiě qù jīchǎng**; *Lei va all'aeroporto in metropolitana.* 明天我要开车回家。**Míngtiān wǒ yào kāi chē huí jiā.** *Domani tornerò a casa in auto.*

❾ 1. 车 **chē** *veicolo* è la parte in comune a **qí chē** *andare su un mezzo a due ruote* e **dǔ chē** *ingorgo* (nel traffico). **2.** 路 **lù** *strada* è comune a **zǒu lù** *camminare* e **lù shàng** *sulla strada*. **3.** 机 **jī** *apparecchio* è comune a **fēijī** *aereo* e **jīchǎng** *aeroporto* **4.** 地 **dì** *suolo, terra*, è comune a **dìtiě** *metropolitana* e **dìtú** *cartina*.

❿ 1A. *Mi piace guidare, e a te?* **2C.** *Vorrei tornare a casa a piedi.* **3B** *Wang Yiwen vorrebbe visitare la Cina in bici.* **4A.** *È comodo andare alla stazione in taxi?* **5A.** o **5B.** o **5C!** *Come fai a sapere che c'è coda lungo la strada?*

9. Quanto?

❶ 1C. *Che ora è?* **2D.** *Per quanti giorni vai a Shanghai?* **3F.** *Quanti anni ha Li Ming?* **4E.** *Quanto costa?* **5B.** *Qual è il tuo numero di cellulare?* **6A.** *Quanti abitanti ha attualmente la Cina?*

❷ 1. 个 **ge** *unità di, individuo*; **2.** 位 **wèi** classificatore di cortesia per le persone; **3.** 家 **jiā** *famiglia*, in questo caso usato come classificatore; **4.** 个 **ge**; **5.** 只 **zhī** classificatore per alcuni tipi di animali; **6.** 家 **jiā** si riferisce a una attività di famiglia.

❸ 1B. *Quanti siete in famiglia.* **2A.** *Quanti gradi ci sono oggi?* **3B.** Il cameriere chiede: "*Quanti sono i Signori?*" **4A.** *Mi rivolgo in modo amichevole a un bambino di cui non conosco il nome:* "*Quanti anni hai?*" **5A.** *Quanto costano l'una?* **6B.** *Da quanti anni è in Inghilterra?*

❹ 1. Wǒ jiā sān kǒu rén. *La nostra famiglia è composta da tre persone.* **2. Shí èr dù.** *Dodici gradi*; **3. Wǒ liù suì.** *Ho sei anni.* **4. Sān ge rén.** *Tre persone*; **5. Píngguǒ yí ge shí kuài qián.** *Le mele, costano 10 yuan l'una.* **6. Hěn duō nián le!** *Tanti anni!*

❺ 1. yì bēi *un bicchiere*; **2. yí ge** *uno/a* (unità); **3. yì jiā rén** *una famiglia* (di persone); **4. yí kuài** *un pezzo*; **5. yì fú** *un rullo*; **6. yì běn** *un volume* (libro); **7. yì zhī gǒu** *un cane*.

❻ 1. Wǒ xiǎng mǎi hétáo. *Vorrei comprare delle noci.* **2. Nín yào mǎi nǎ yì zhǒng?** *Che tipo* (di noci) *vuoi comprare?* **3. Zhè zhǒng.** *Questo tipo.* **4. Nín mǎi duōshao?** *Quante ne vuoi?* **5. Duōshao qián yì jīn?** *Quanto costano 500 g?* **6. Sān shí kuài yì jīn.** *Mezzo chilo costa 30 yuan.* **7. Nà wǒ mǎi sān jīn.** *Allora ne prendo un chilo e mezzo.*

❼ 1E. *Noi partiamo il sette, e tu?* **2D.** *Sarà un sabato.* **3A.** *Devo lavorare anche nel fine settimana.* **4B.** *Oggi è il 1° ottobre, Festa Nazionale.* **5C.** *La data cambia ogni anno* (la data non è mai la stessa ogni anno).

❽ 1. *Domani che giorno è?* **2.** *Domani è lunedì 3 giugno.* **3.** *Lavori il sabato?* **4.** *Non lavoro nel fine settimana.* **5.** *In che giorni studi cinese?* **6.** *Studio cinese tutti i mercoledì e giovedì.* **7.** *Quale giorno è il tuo compleanno?* **8.** *Il 2 giugno.* **9.** *Oggi allora è il tuo compleanno!* **10.** *Sì.* **11.** *Davvero? Allora mangia ancora un po' di ravioli!* **12.** *D'accordo! Ho anche portato un piccolo dolce.*

Anna ha annotato: mercoledì 29 maggio, cinese; giovedì 30 maggio, cinese; sabato 1° giugno chiamare Wang Yiwen; domenica 2 giugno, mio compleanno, mangiare tanti deliziosi ravioli da Wang Yiwen e Angela. Ripassare bene i giorni e le date!

SOLUZIONI

❾ 1. 我住432号房间。**Wǒ zhù sì sān èr hào fángjiān** [fanᵈdjien] 2. 我家有两个孩子。**Wǒ jiā yǒu liǎng ge háizi** [h'aï z]; 3. 我不知道门上的12个汉字是什么意思。**Wǒ bù zhīdào** [dj dao] **mén shàng de shí èr ge hànzì** [h'an z] **shì shénme yìsi;** 4. 我在这里两年了，可是我二月要走。**Wǒ zài zhèli liǎng nián le, kěshì wǒ èryuè yào zǒu;** 5. 有两个人找你。**Yǒu liǎng ge rén zhǎo nǐ.**

❿ 1. 多少 **duōshao**: *Quanto costa mezzo chilo di mele?* 2. 口 **kǒu**: *Quanti siete in famiglia?* 3. 几 **jǐ**: *Quando partite?* 4. 号 **hào**: *Qual è il tuo numero di stanza? (tu alloggiare quale numero stanza)* 5. 几 **jǐ**: *In quale giorno della settimana studi cinese?* 6. 多少 **duōshao**: *Qual è il tuo numero di cellulare?*

10. Cosa fai?

❶ 1. **Zhè shì shénme?** 2. **Nín yào mǎi shénme?** 3. **Zhè shì shénme yìsi?** (questo cosa vuol dire?) 4. **Tā zài shuō shénme ne?** 5. **Nǐ jīntiān zuò-le xiē shénme?**

❷ 1. 我在看电影。**Wǒ zài kàn diànyǐng.** 2. 我在喝茶。**Wǒ zài hē chá.** 3. 我在听音乐呢。**Wǒ zài tīng yīnyuè ne.** 4. 我们在吃午饭。**Wǒmen zài chī wǔfàn.** 5. 我在做饭呢。**Wǒ zài zuò fàn ne.** 6. 我正在写短信。**Wǒ zhèng zài xiě duǎnxìn.**

❸ 1. 宝宝在睡觉吗？**Bǎobao zài shuì jiào ma?** 2. 孩子们在打球。**Háizimen** (plurale) **zài dǎ qiú.** 3. 对不起，我在开车呢。**Duì-bu-qǐ, wǒ zài kāi chē ne.** 4. 做饭了吗？**Zuò fàn-le ma?** 5. 我得打电话给我爸爸。**Wǒ děi dǎ diànhuà gěi wǒ bàba.** 6. 我在走路，走路对身体好。**Wǒ zài zǒu lù, zǒu lù duì shēntǐ hǎo.**

❹ 1. *preparare un pasto*; 2. *preparare un piatto*; 3. *fare un buon piatto*; 4. *guidare un'auto*; 5. *avviare un computer*; 6. *essere felice*; 7. *dare un colpo, picchiare qualcuno*; 8. *giocare a tennis*; 9. *telefonare, dare un colpo di telefono*; 10. *prendere un taxi*; 11. *aver fatto un pisolino*; 12. *fare la siesta*; 13. *dormire fino a tardi*; 14. *non avere dormito*.

❺ 1. 我每天都工作。**Wǒ měi tiān dōu gōngzuò.** 2. 他每天都打车。**Tā měi tiān dōu dǎ chē.** 3. 安娜不是每天都学中文。**Ān Nà bú shì měi tiān dōu xué zhōngwén.** 4. 宝宝每天都睡午觉。**Bǎobao měi tiān dōu shuì wǔjiào.** 5. 李明每星期天都上中文课。**Lǐ Míng měi xīngqītiān dōu shàng zhōngwén kè.**

❻ 1. **Nǐ měi tiān zǎoshang jǐ diǎn qǐ chuáng?** *A che ora ti svegli la mattina?* 2. **Nǐ shì-bu-shì měi tiān dōu chī wǔfàn?** *Mangi tutti i giorni a pranzo?* 3. **Bǎobao wǎnshang jǐ diǎn shuì jiào?** *A che ora si addormenta il bebè la sera?* 4. **Wǒmen měi tiān wǎnshang dōu kàn diànyǐng.** *Guardiamo un film tutte le sere.* 5. **Lǎorén tiān tiān dōu zǒu wǔ gōnglǐ lù xíng ma?** *Va bene se una persona anziana cammina ogni giorno per cinque chilometri?*

❼ I componenti comuni sono:
1. 走 **zǒu** rappresenta in origine un'impronta di piede sul suolo 2. 目 **mù** rappresenta un occhio, ma questo segno ha subito una rotazione di 90°. 3. e 4. 口 **kǒu** rappresenta una bocca. 5. 亻 è un uomo in piedi, di profilo.

❽ 1. 多 **duō**/都 **dōu**; 2. 打 **dǎ**/大 **dà**; 3. 走 **zǒu**/做 **zuò**; 4. 车 **chē**/吃 **chī**; 5. 睡 **shuì**/岁 **suì**; 6. 些 **xiē**/写 **xiě**.

❾ 1C. *Sta giocando a tennis.* 2A. *Vado su Internet ogni giorno.* 3C. *Il bebè dorme ancora.* 4C. *Cosa stai facendo?* 5A. *Faccio pranzo tutti i giorni al lavoro.*

❿ La forma della domanda cambia, ma non il significato: 1. 您是王先生吗？**Nín shì Wáng Xiānsheng ma?** *Lei è il Sig. Wang?* 2. 有身份证吗？**Yǒu shēnfènzhèng ma?** *Hai una carta d'identità?* 3. 你吃辣的吗？**Nǐ chī là de ma?** *Mangi piccante?* 4. 你要买吗？**Nǐ yào mǎi ma?** *Vuoi comprarlo?* 5. 好吗？**Hǎo ma?** *Va bene?*

11. Giudizi e valutazioni

❶ 1F. *Che tè* (**chá**) *ti piace bere?* 2E. *Mi piace sia il tè rosso* (**hóng**) *che il tè verde* (**lǜ**). 3B. *Vorrei una tazza di tè rinomato* (**míng**)? 4A. *Cosa ti piace fare nel fine settimana* (**zhōumò**)? 5C. *Mi piace andare* (**shàng**) *su Internet* (**wǎng**) *per fare acquisti* (**gòu wù**). 6D. *Vorrei acquistare un biglietto* (**yì zhāng piào**) *aereo* (**fēijī**) *su Internet* (**zài wǎng shàng**).

❷ 1. 红茶 **hóngchá** *tè nero*; 2. 绿茶 **lǜchá** *tè verde*; 3. 名茶 **míngchá** *tè rinomato*; 4. 周末 **zhōumò** *fine settimana*; 5. 网上 **wǎng shàng** *su Internet*; 6. 飞机票 **fēijī piào** *biglietto aereo*.

❸ 1. 甲：你觉得我的新衣服怎么样？**Jiǎ: Nǐ juéde wǒ de xīn yīfu zěnmeyàng?** 2. 乙：嗯，还好。**Ng, hái hǎo.** 3. 甲：你喜不喜欢？**Nǐ xǐ-bu-xǐhuān?** 4. 乙：说实话，我不太喜欢。**Shuō shí huà, wǒ bú tài xǐhuān.** 5. 甲：那你喜欢我吗？**Nà nǐ xǐhuān wǒ ma?** 6. 乙：我爱你，可是你这件衣服……我觉得不怎么样。**Wǒ ài nǐ, kěshì nǐ zhè jiàn yīfu... wǒ juéde bù zěnmeyàng.**

❹ 1D. **hěn hǎo** *molto bene/buono* / **bù zěnmeyàng** *niente di speciale*; 2A. **jiù yīfu** *vestito vecchio* /**xīn yīfu** *vestito nuovo*; 3E. **hǎo kàn** *bello da vedere* / **bú tài hǎo kàn** *non tanto bello*; 4B. **hǎo tīng** *bello da ascoltare* / **bù hǎo tīng** *non bello da ascoltare*; 5C. **hǎo chī** *buono da mangiare* / **bù hǎo chī** *cattivo*.

❺ 1B. *Non male.* 2C. *Non capisco bene (ascolto ma non capisco troppo).* 3B. *Mi piace parlare sia italiano che inglese.* 4A. *La grammatica italiana è troppo difficile!* 5AB. *Mi piace ascoltare la musica classica cinese.*

❻ 1. 海蜇比较好吃。**Hǎizhé bǐjiào hǎo chī.** *La medusa è abbastanza buona da mangiare.* 2. 云南的风景特别美丽。**Yúnnán de fēngjǐng tèbié měilì.** *I paesaggi dello Yunnan sono particolarmente belli.* 3. 北京的历史挺有意思。**Běijīng de lìshǐ tǐng yǒu yìsi.** *La storia di Pechino è molto interessante.* 4. 我也非常喜欢这种音乐。**Wǒ yě fēicháng xǐhuān zhè zhǒng yīnyuè.** *Anche a me piace estremamente questo genere di musica.* 5. 你说得太快！**Nǐ shuō-de tài kuài!** *Parli troppo velocemente!* 6. 她个子真高。**Tā gèzi zhēn gāo.** *Lei è veramente alta.*

❼ 1. 不好！**Bù hǎo!** *Male!* 2. 不难。**Bù nán.** *No, non è difficile.* 3. 不对。**Bú duì.** *È falso.* 4. 没有。**Méi yǒu.** *No, non c'è.* 5. 不多。**Bù duō.** *No, non molto.* 6. 不太喜欢。**Bù xǐhuān.** *No, non mi piace.*

SOLUZIONI

8 1C. *A questo/a bambino/a non piace suonare il pianoforte per cui fa progressi molto lentamente.* 2E. *Secondo me Shanghai è molto vivace, mi piace molto.* 3D. *Mangi troppo poco, mangia un po' di più.* 4A. *Lei è in Cina da due anni, quindi parla molto velocemente in cinese.* 5B. *Canti veramente bene! Mi piace tantissimo ascoltarti.* 6F. *Mi pare che le vacanze passino troppo velocemente.*

9 马力觉得 **Mǎ Lì juéde** *A Ma Li pare che:*
1. 语法有点难 **yǔfǎ yǒudiǎn nán**; 2. 今天有点累 **jīntiān yǒudiǎn lèi**; 3. 餐厅比较贵 **cāntīng bǐjiào guì**; 4. 家里有点冷 **jiā li yǒudiǎn lěng**; 5. 假期太长了！ **jiàqī tài cháng le!**

10 1. 我一点也不喜欢喝啤酒。**Wǒ yìdiǎn yě bù xǐhuān hē píjiǔ.** *La birra non mi piace neanche un po'.* 2. 我觉得语法一点也不难。**Wǒ juéde yǔfǎ yìdiǎn yě bù nán.** *Trovo che la grammatica non sia affatto difficile.* 3. 我今天一点都不想出去。**Wǒ jīntiān yìdiǎn dōu bù xiǎng chūqù.** *Oggi non ho per niente voglia di uscire.* 4. 这种电脑一点也不贵。**Zhè zhǒng diànnǎo yìdiǎn yě bù guì.** *Questo modello di computer non è affatto caro.* 5. 孩子说我一点也不"酷"。**Háizi shuō wǒ yìdiǎn yě bù "kù".** *I bambini dicono che io non sono per niente "cool".*

12. Paragoni

1 1. *Entrambe/i lavorano a Shanghai.* 2. *Hanno entrambe/i studiato cinese per un anno.* 3. *Nessuno/a dei/delle due è italiana/o.* 4. *A tutti/e e due piace il cocomero.* 5. *Entrambe/i vorrebbero comprare della carne di manzo.* 6. *Nessuno/a dei/delle due ha portato soldi.*

2 1. *La Sig.ra Li e suo figlio sono canadesi di origine cinese.* 2. *Come sua madre, il figlio è intelligente.* 3. *La mamma spera che suo figlio riesca nella vita e Li Ming ottenga dei buoni risultati a scuola.* 4. *La mamma non beve il latte, ma a Li Ming piace il gelato.* 5. *La mamma è un po' grassa e anche Li Ming è grassottello.*

3 Per esempio: 1. 我和妈妈不同。**Wǒ hé māma bù tóng.** *Sono diversa/o da mia madre.* 2. 台湾和大陆根本不同。**Táiwān hé dàlù gēnběn bù tóng.** *Taiwan e la Cina Continentale sono completamente diverse.* 3. 上海和东京的生活水平差不多。**Shànghǎi hé Dōngjīng de shēnghuó shuǐpíng chà-bu-duō.** *Il livello di vita di Shanghai e di Tokyo sono più o meno equivalenti.* 4. 罗马和伦敦的生活不太一样 **Luómǎ é Lúndūn de shēnghuó bú tài yíyàng.** *La vita a Roma e a Londra non è proprio uguale.*

4 1. 她和老公 **tā hé lǎogōng** *Lei e suo marito*; 2. *Bisogna solo aggiungere una virgola.* 3. *Bisogna aggiungere la virgola per contrapporre.* 4. 我女儿和你儿子 **wǒ nǚ'ér hé nǐ érzi** *mia figlia e tuo figlio*; 5. 和朋友一起出去玩儿 **hé péngyou yìqǐ chū-qù wánr** *uscire insieme agli amici (per divertirsi).*

5 1D. *Jīntiān tiānqì xiàng dōngtiān yíyàng lěng. Oggi fa freddo come in inverno.* 2E. *Wǒ tài bèn, bú xiàng nǐ zhèyàng cōngmíng. Sono troppo stupido, non assomiglio a te, che sei così intelligente.* 3B. *Zhè ge nǚhái xiàng huā yíyàng měi. Questa ragazza è bella come un fiore.* 4A. *Nǐ shuō rénmen bú yào xiàng mǎyǐ yíyàng gōngzuò. Tu dici che le persone non dovrebbero lavorare come le formiche.* 5C. *Kěshì, shéi néng xiàng húdié yíyàng shēnghuó? Ma chi può vivere come una farfalla?*

6 1. 区别 **qūbié** *differenza: C'è una grande differenza tra questi due tipi di frutta.* 2. 乐器 **yuèqì** *strumento musicale: Qual è la differenza tra questi tre strumenti musicali?* 3. 时差 **shíchā** *fuso orario;* 多少? **duōshao?** *quanto?: Qual è la differenza di fuso orario tra gli Stati Uniti e la Cina?* 4. 高考 **gāokǎo** *esame di ammissione all'università;* 差别 **chābié** *differenza di livello: Che differenza c'è tra l'esame di ammissione all'Università in Cina e negli Stati Uniti?* 5. 贫富差距 **pínfù chājù** *divario tra ricchi e poveri: Il divario tra ricchi e poveri è sempre maggiore.*

7 1. 我比你重。**Wǒ bǐ nǐ zhòng.** 2. 他比你更快。**Tā bǐ nǐ gèng kuài.** 3. 儿子比爸爸高。**Érzi bǐ bàba gāo.** 4. 中国人口比印度人口多。**Zhōngguó rénkǒu bǐ Yìndù rénkǒu duō.** 5. 她写字比老师还要好。**Tā xiě zì bǐ lǎoshī hái yào hǎo.**

8 1. 你没有他快。**Nǐ méi yǒu tā kuài.** *Tu sei meno veloce di lui.* 2. 爸爸没有儿子高。**Bàba méi yǒu érzi gāo.** *Il papà è meno alto del figlio.* 3. 印度人口没有中国多。**Yìndù rénkǒu méi yǒu Zhōngguó rénkǒu duō.** *La popolazione indiana è meno numerosa di quella cinese.* 4. 老师没有她写字好。**Lǎoshī méi yǒu tā xiě zì hǎo.** *Il/La professore/ssa non scrive bene come lei.*

9 1. *Io sono stupida/o come te.* 2. *Tu guadagni quanto me.* 3. *Mia madre è industriosa come un'ape.* 4. *La nonna dice che è una fortuna (è prezioso) sia avere un figlio maschio che una femmina!* *Questi due paesi hanno abitudini di vita più o meno simili.*

10 1E; 2C; 3D; 4A; 5B.

13. Passato, presente, futuro

1 1. *era;* 2. *era;* 3. *è;* 4. *sarà;* 5. *sarà;* 6. *è.*

2 1. 今天早上沈阳气温16度，不太冷吧/还比较暖和。**Jīntiān zǎoshang Shěnyáng qìwēn shí liù dù, bú tài lěng ba / hái bǐjiào nuǎnhuo.** *Questa mattina ci sono 16°C a Shenyang, non fa molto freddo / il tempo è abbastanza mite (per la stagione).* 2. 明天早上有点冷，气温10度。**Míngtiān zǎoshang yǒudiǎn lěng, qìwēn shí dù.** *Domani mattina farà un po' freddo, la temperatura sarà di 10 °C.* 3. 昨天中午香港27度，还比较热 **Zuótiān zhōngwǔ Xiānggǎng èr shí qī dù, hái bǐjiào rè.** *Ieri a mezzogiorno a Hong Kong c'erano 27 °C, ancora abbastanza caldo (per la stagione).* 4. 今天比昨天凉快一点。**Jīntiān bǐ zuótiān liángkuài yìdiǎn.** *Oggi fa un po' più fresco rispetto a ieri.* 5. 明天28度，跟昨天差不多。**Míngtiān èr shí bā dù, gēn zuótiān chā-bu-duō.** *Domani ci saranno 28°C, più o meno come ieri.*

SOLUZIONI

❸ 1. 宝宝是去年出生的。**Bǎobao shì qùnián chūshēng de**. 2. 我明年打算去中国工作。**Wǒ míngnián dǎsuàn qù Zhōngguó gōngzuò**. 3. 今年我得学说英语。**Jīnnián wǒ děi xué shuō yīngyǔ**. 4. 我们后年要去美国或者加拿大。**Wǒmen hòunián yào qù Měiguó huòzhě Jiānádà**. 5. 我们今年要留在这儿。**Wǒmen jīnnián yào liú zài zhèr**.

❹ 1D; 2E; 3A; 4C; 5F; 6B.

❺ **Wǒ yǐqián dōu bú huì shuō zhōngwén, xiànzài huì yìdiǎndiǎn**. *Non sapevo affatto parlare cinese, adesso ne so un po'*. 1. **Yǐqián hěn guì, xiànzài piányi duō le**. *Prima era costoso/a, adesso è molto più economico/a*. 2. **Zǎoshàng xià xuě, xiànzài xià yǔ le**. *Questa mattina nevicava, adesso piove*. 3. **Zuótiān hěn lěng, jīntiān nuǎnhuo le**. *Ieri faceva molto freddo, oggi il tempo è più mite*. 4. **Wǒ zuótiān wǎnshàng shuì-de hěn wǎn, jīntiān bù shūfu**. *Ieri sono andata/o a dormire molto tardi, oggi non mi sento bene*.

❻ 1. 今天 **jīntiān** *oggi* / 明天 **míngtiān** *domani* / 昨天 **zuótiān** *ieri* / 星期天 **xīngqītiān** *domenica*; 2. 早上 **zǎoshàng** *mattina presto*; 3. 晚上 **wǎnshàng** *sera*; 4. 上午 **shàngwǔ** *mattina* / 中午 **zhōngwǔ** *metà giornata, mezzogiorno* / 下午 **xiàwǔ** *pomeriggio*; 5. 今天 **jīntiān** *oggi* / 今年 **jīnnián** *quest'anno*; 6. 明天 **míngtiān** *domani* / 明年 **míngnián** *l'anno prossimo*; 7. 昨天 **zuótiān** *ieri*; 8. 去年 **qùnián** *l'anno scorso*; **guóqù** *in passato*.

❼ 1. 快 **kuài**; 2. 刚 **gāng**; 3. 快 **kuài**; 4. 刚 **gāng**; 5. 刚才 **Gāngcái**; 6. 刚才 **gāngcái**.

❽ 1C. *Domani pioverà*. 2D. *Tra qualche giorno sarà la Festa di Primavera*. (quindi i siti di acquisto dei biglietti saranno presi d'assalto). 3A. *Riparliamone più tardi*. 4E. *Ci vediamo tra poco!* 5B. *Richiamalo/a tra un momento*.

❾ 1. (presente) *Oggi la temperatura è mite*. 2. (futuro) *Tra qualche giorno sarà la Festa di Primavera*. 3. (presente) *Costa molto meno adesso*. 4. (passato) *Mi sono appena alzata/o*. 5. (futuro) *Tra poco saranno le otto*. 6. (futuro) *Presto sarà l'Anno Nuovo*.

❿ 1. *C'era una volta un drago…* 2. *Siamo sposati da più di tre anni*. 3. *Qualche anno fa sono andata/o in Europa*. 4. *Questa è una vecchia foto di un centinaio di anni fa*. 5. *Dieci anni fa mio fratello maggiore è andato negli Stati Uniti per studiare*.

14. I complementi

❶ 1. 电影 **diànyǐng**; 2. 饼干 **bǐnggān**; 3. 手机 **shǒujī**; 4. 面试 **miànshì**.

❷ 1. 吃饭 **chī fàn**; 2. 吃白饭 **chī bái fàn**; 3. 喝酒 **hē jiǔ**; 4. 喝一杯茶 **hē yì bēi chá**; 5. 和一瓶水 **hē yì píng shuǐ**; 6. 喝一碗汤 **hē yì wǎn tāng**; 7. 开灯 **kāi dēng**; 8. 开饭 **kāi fàn**; 9. 洗手 **xǐ shǒu**; 10. 洗澡 **xǐ zǎo**.

❸ 1. 走路 **zǒu lù** (camminare strada); 2. 跑步 **pǎo bù** (correre passo); 3. 睡觉 **shuì jiào** (dormire sonno); 4. 放心 **fàng xīn** (posare cuore); 5. 放假 **fàng jià** (lasciare vacanza); 6. 上楼 **shàng lóu** (salire edificio); 7. 上路 **shàng lù** (salire strada); 8. 上网 **shàng wǎng** (salire rete); 9. 上班 **shàng bān** (salire squadra); 10. 取钱 **qǔ qián** (prendere soldi).

❹ 1. 上山 **shàng shān** *salire in montagna* / 下山 **xià shān** *scendere dalla montagna*; 2. 开门 **kāi mén** *aprire la porta* / 关门 **guān mén** *chiudere la porta*; 3. 上班 **shàng bān** *iniziare a lavorare* / 下班 **xià bān** *finire di lavorare*; 4. 开灯 **kāi dēng** *accendere la luce* /关灯 **guān dēng** *spegnere la luce*; 5. 进门 **jìn mén** *entrare (dalla porta)* /出门 **chū mén** *uscire (di casa)*.

❺ Per esempio: 1. 这是谁的包？**Zhè shì shéi de bāo?** *Di chi è questa borsa?* 2. 对不起，您这个手机很像我的。**Duìbuqǐ, nín zhè ge shǒujī hěn xiàng wǒ de**. *Mi spiace, il suo cellulare è molto simile al mio*. 3. 请问，这是您的车吗？不是。**Qǐng wèn, zhè shì nín de chē ma? – Bú shì**. *Mi scusi, quest'automobile è la sua? – No*. 4. 这些袜子都是谁的？很乱！**Zhè xiē wàzi dōu shì shéi de? Hěn luàn!** *Di chi sono tutte queste calze? Che disordine!* 5. 这杯咖啡是我的，你的在哪儿？**Zhè bēi kāfēi shì wǒ de, nǐ de zài nǎr?** *Questa tazza di caffè è mia, dov'è la tua?*

❻ 1E3; 2C4; 3A1; 4B2; 5D5.

❼ 1. 今天是我的生日。**Jīntiān shì wǒ de shēngrì**. *Oggi è il mio compleanno*. 2. 我知道。**Wǒ zhīdào**. *Lo so*. 3. 那你送我什么？**Nà nǐ sòng wǒ shénme?** *Allora cosa mi regali?* 4. 我请你吃饭。**Wǒ qǐng nǐ chī fàn**. *Ti invito a mangiare fuori*; 5. 太好了！**Tài hǎo le!** *Fantastico!*

❽ 1C3; 2E5; 3D1; 4A4; 5B2.

❾ 1. **Yòng máobǐ xiě zì nán-bu-nán?** *È difficile scrivere i caratteri con il pennello?* 2. **Lǐ Míng xǐhuān kàn "Hé nǐ zài yìqǐ" zhè bù lǎo diànyǐng**. *A Li Ming piace guardare un vecchio film che si intitola "Insieme a te"*. 3. **Nǐ zài nǎr gōngzuò?** *Dove lavori?* 4. **Yīshēng gěi wǒ kāi-le zhōngyào**. *Il dottore mi ha prescritto delle medicine tradizionali cinesi*. 5. **Gēn nǐ pópo yìqǐ zhù kěyǐ ma?** *È possibile vivere con tua suocera?*

❿ 1. *difficile*; 2. *no*; 3. *uno*; 4. *trovarsi, essere a*; 5. *confrontare, rispetto a*.

15. Verbi ausiliari

❶ 1. 会 **huì**; 2. 知道 **zhīdào**; 3. 会 **huì**; 4. 知不知道 **zhī-bu-zhīdào**; 5. 会 **huì**.

❷ 1C; 2E; 3D; 4B; 5A.

❸ 1. 我八月要去香港。**Jiǎ: Wǒ bā yuè yào qù Xiānggǎng**. 2. 八月去香港可能会有台风。**Yǐ: Bā yuè qù Xiānggǎng kěnéng huì yǒu táifēng**. 3. 我看不一定。**Jiǎ: Wǒ kàn bù yídìng**. 4. 你不是这里的人，你怎么会知道的？**Yǐ: Nǐ bú shì zhèlǐ de rén, nǐ zěnme huì zhīdào de?** 5. 嗯，我没想到会有台风。**Jiǎ: Ng, wǒ méi xiǎng-dào huì yǒu táifēng**.

SOLUZIONI

4 1B; 2D; 3E; 4A; 5C.

5 1. 你还要吃面吗？ **Nǐ hái yào chī miàn ma?** 2. 你想去哪儿？ **Nǐ xiǎng qù nǎr?** 3. 我不想去买东西。 **Wǒ bù xiǎng qù mǎi dōngxi.** 4. 今晚你打算做什么？ **Jīnwǎn nǐ dǎsuàn zuò shénme?** 5. 我不愿意跟他结婚。 **Wǒ bù yuànyì gēn tā jié hūn.**

6 1D. *Sono già le sei, è ora che mi prepari.* 2E. *Dopo aver riempito il modulo, cosa devo fare?* 3A. *Non si deve mangiare prima di un prelievo del sangue.* 4B. *Dal lunedì al venerdì non ho tempo, devo lavorare.* 5C. *Per la Festa di Primavera, devo tornare dalla mia famiglia.*

7 1D. *Quando sei libera/o? Vorrei invitarti a mangiare fuori. – Posso nel fine settimana.* 2C. *Oggi non mi sento bene. Non posso mangiare niente.* 3E. *Abito nel nord-est. Là fa freddissimo d'inverno.* 4B. *Là si può sciare? – Certo, e si può anche pattinare.* 5A. *Si può aprire la finestra per cambiare l'aria?*

8 1A. *Ti proibisco di mangiare cioccolato!* 2B. *Ho bisogno di qualcuno che si prenda cura dei bambini.* 3A. *Ti do una mano, non ti preoccupare.* 4B. *Per cuocere il riso non c'è bisogno di mettere il sale.* 5C. *Non puoi giocare al computer se non hai finito di fare i compiti!*

9 1. 会 **huì**: *Anche mio marito/mia moglie sa parlare un po' cinese.* 2. 需要 **xūyào**: *Non capiamo, abbiamo bisogno di qualcuno che traduca.* 3. 会 **huì**: *Forse oggi pomeriggio nevicherà.* 4. 不用 **bú yòng**: *Il/La dottore/ssa dice che non stai male, quindi non serve che tu prenda medicine.* 5. 得 **děi** ou 应该 **yīnggāi**: *Mi spiace sono già le otto, devo tornare a casa.*

10 1. Capacità: *Quanto riesci a mangiare?* 2. Futuro: *Lei sta per partire.* 3. Necessità: *Bisogna aspettare ancora tre ore.* 4. Saper fare: *Non sono capace di mangiare con le bacchette.* 5. Volontà, progetto o necessità: *Il prossimo anno vorrei/voglio/dovrei andare in Cina.* 6. Intenzione: *Come hai intenzione di andarci?* 7. Inutilità: *Non serve dire niente di più.* 8. Permesso: *Posso utilizzare il tuo cellulare?* 9. Possibilità: *È possibile riparare la mia auto?* 10. Possibilità: *Qui si può prelevare (denaro)?*

16. Sensazioni, impressioni, pareri, sentimenti

1 1E. *Come va oggi? – Bene.* 2C. *Sei stanca/o? – Un po'.* 3D. *Cos'hai? – Nulla.* 4A. *Ti senti male? – No, solo non mi sento molto bene.* 5B. *Ti porto dal dottore. – Non serve, bevo un po' di tè e starò meglio.*

2 1D. 渴 **kě**; 2A. 冷 **lěng**; 3B. 热 **rè**; 4E. 困 **kùn**; 5C. 饿 è; 6F. 痛 **tòng** e 6G. 疼 **téng**.

3 1. 我们都很高兴，就是有点饿。 **Wǒmen dōu hěn gāoxìng, jiùshi yǒudiǎn è.** 2. 我觉得这个杂技节目很美。 **Wǒ juéde zhè ge zájì jiémù hěn měi.** 3. 我觉得房间里有点热。 **Wǒ juéde fángjiān lǐ yǒudiǎn rè.** 4. 有点头疼。 **Yǒudiǎn tóu téng.** 5. 我觉得这次旅游很有意思。 **Wǒ juéde zhè cì lǚyóu hěn yǒu yìsi.**

4 1B. *La mamma pensa che sia troppo costoso. In realtà non è così caro.* 2D. *Lui mi ha detto che questa auto è veramente bella! Per me è così così.* 3A. *Lui pensa che il problema sia grave. Io dico che non è un gran problema..* 4E. *Sei contento che lei dica così. Io, a sentirla parlare così, mi sento molto in imbarazzo.* 5C. *Tutti pensano che sia ben organizzato. Io penso che la programmazione sia troppo serrata.*

5 Per esempio: 我想这个人很聪明，但是有点懒。 **Wǒ xiǎng zhè ge rén hěn cōngming, dànshi yǒudiǎn lǎn.** *Penso che questa persona sia molto intelligente, ma che sia un po' pigra.*

6 1D. *Tuo figlio verrà? – Secondo me oggi non ha tempo.* 2C. *Le fonti di energia sono sufficienti? – Penso che in futuro dovranno essere importate.* 3A. *Com'è il Natale in Italia? – Per me è molto divertente, ci sono molti regali!* 4E. *Come sta tuo padre? – Penso che non stia tanto bene ultimamente.* 5B. *Non pensi che il cinese sia difficile? – Penso che... sia fattibile.*

7 1. 重 **zhòng** *pesante*; 严重 **yánzhòng** *grave*; 2. 近 **jìn** *vicino*; 最近 **zuìjìn** *di recente, recentemente*; 3. 玩 **wán** *divertirsi, giocare*; 好玩 **hǎowán** *divertente*; 4. 高 **gāo** *alto*; 高兴 **gāoxìng** *felice*; 5. 能 **néng** *energia*; 能源 **néngyuán** *fonte di energia*.

8 1. 病 **bìng** *malattia*, 看病 **kàn bìng** *farsi visitare dal medico*; 2. 问 **wèn** *chiedere, fare una domanda*, 问题 **wèntí** *domanda, problema*; 3. 用 **yòng** *utilizzare*, 有用 **yǒuyòng** *essere utile*; 4. 美 **měi** *bello/a, bellezza*, 健美 **jiànměi** *fitness (salute-bellezza)*; 5. 看 **kàn** *guardare*, 看法 **kànfǎ** *opinione, punto di vista, modo di vedere*.

9 1. 好像 **hǎoxiàng**; 2. 好像 **hǎoxiàng**; 3. 好像 **hǎoxiàng** o 看来 **kàn-lái**; 4. 好像 **hǎoxiàng** o 看来 **kàn-lái**; 5. 听说 **tīng shuō**.

10 1C. *Il tempo è brutto, che peccato!* 2A. *Spero che tu trovi presto un lavoro.* 3B. *Spero di poter andare in Cina.* 4E. *Per fortuna ho portato il cellulare, così possiamo controllare su Internet.* 5D. *Se vai da solo/a, temo che non sia molto sicuro.*

17. Gruppo nominale

1 L'intruso è 3 in quanto la particella 的 **de** manca tra il possessivo "tua" e il determinato "madre".

2 Per esempio: 右边是我女朋友 **Yòubiān shì wǒ nǚpéngyou.** *A destra, c'è la mia fidanzata.*

3 1. 一匹白马 **yì pǐ bái mǎ** (**pǐ** è il classificatore per i cavalli); 2. 一只大狗 **yì zhī dà gǒu** (**zhī** è il classificatore per molti animali); 3. 这座高楼 **zhè zuò gāo lóu** oppure 大楼 **dà lóu** (**zuò** è il classificatore per edifici e i ponti); 4. 小学 **xiǎoxué**; 5. 中文词典 **zhōngwén cídiǎn**.

4 1. 电话号 **diànhuàhào**; 2. 牛肉 **niúròu**; 3. 北京话 **Běijīnghuà**; 4. 电脑 **diànnǎo**; 5. 春节 **Chūnjié**.

SOLUZIONI

5 1D; 2A; 3E; 4B; 5C.

6 1C. *Il negozio in cui vado non è lontano, non serve prendere il taxi.* 2A. *Quello che dici è molto interessante.* 3D. *I film che ti piacciono sono tutti americani.* 4E. *(i caratteri che conosco non sono sufficienti) Non conosco abbastanza caratteri cinesi. – Non importa, prenditi il tuo tempo (studia lentamente) e tutto andrà bene.* 5B. *È buono il piatto che ti ho fatto?*

7 1. *La mia borsa non è* (包 **bāo** *borsa*) *verde.* 2. *Lui è uno* (学生 **xuésheng** *studente*) *del primo anno e io del secondo.* 3. *Per favore, prestami una penna, ho di nuovo perso la mia* (笔 **bǐ** *penna*). 4. *Questa App di che società è* (App *applicazione*)?; 5. *Non è l'accento di Pechino, ma* (口音 **kǒuyīn** *accento*) *della provincia dello Henan.*

8 1. 这条牛仔裤是灰色的。**Zhè tiáo niúzǎikù shì huīsè de.** 2. 这是真的，不是假的。**Zhè shì zhēn de, bú shì jiǎ de.** 3. 那是谁说的？**Nà shì shéi shuō de?** 4. 这种面包是甜的吗？**Zhè zhǒng miànbāo shì tián de ma?** 5. 古人说天是圆的，地是方的。**Gǔrén shuō tiān shì yuán de, dì shì fāng de.**

9 1. *Di chi è questo CV?* (appartenenza) 2. *La foto è in bianco e nero o a colori?* (colori) 3. *L'hai scritto tu a mano?* (inquadrare un gruppo verbale) 4. *La tua specializzazione è molto utile.* (inquadrare un gruppo verbale) 5. *Le tue scelte sono giuste.* (valorizzare un aggettivo) 6. *La/Il nostra/o stagista è molto capace.* (valorizzare un aggettivo)

10 Per esempio: 1. 我是1998年出生的。**Wǒ shì yī jiǔ jiǔ bā nián chūshēng de.** *Sono nato/a nel 1998.* 2. 我们是十年前认识的。**Wǒmen shi shí nián qián rènshi de.** *Ci siamo conosciuti/e dieci anni fa.* 3. 他是三岁开始的。**Tā shì sān suì kāishǐ de.** *Lui ha cominciato a tre anni* (a studiare i caratteri). 4. 夜里开始的，好像是昨天着凉的。**Yè lǐ kāishǐ de, hǎoxiàng shi zuótiān zháo liáng de.** (La febbre) *è cominciata nella notte, forse ieri ho preso freddo.*

TABELLA DI AUTOVALUTAZIONE

Bravissimi, avete completato il quaderno di esercizi! Ora è arrivato il momento di stabilire il livello di conoscenza linguistica raggiunto. Indicate il numero di icone ottenuto al termine di ciascun capitolo. La somma di tutte le icone per colore vi darà il risultato finale!

	🙂	😐	☹		🙂	😐	☹
1. Questo è cinese!	☐	☐	☐	10. Cosa fai?	☐	☐	☐
2. Tradurre o non tradurre il verbo essere?	☐	☐	☐	11. Giudizi e valutazioni	☐	☐	☐
3. Contare e cantare	☐	☐	☐	12. Paragoni	☐	☐	☐
4. Tradurre il verbo avere	☐	☐	☐	13. Passato, presente, futuro	☐	☐	☐
5. Dove sei?	☐	☐	☐	14. I complementi	☐	☐	☐
6. Dove vai?	☐	☐	☐	15. Verbi ausiliari	☐	☐	☐
7. Desiderio, volontà, intenzione	☐	☐	☐	16. Sensazioni, impressioni, pareri, sentimenti	☐	☐	☐
8. Come?	☐	☐	☐	17. Gruppo nominale	☐	☐	☐
9. Quanto?	☐	☐	☐				

	🙂	😐	☹
Totale, somma di tutte le icone	☐	☐	☐

Avete ottenuto la maggioranza di...

Congratulazioni! Padroneggiate le basi del cinese e siete pronti per passare al livello successivo!

Niente male! Ma potete ancora migliorare! Rifate gli esercizi in cui avete incontrato maggiori difficoltà dando un'occhiata alle spiegazioni nel capitolo corrispondente!

Riprovate! Siete un po' arrugginiti… Riprendete in mano il quaderno e, prima di rifare gli esercizi, rileggete con attenzione ciascun capitolo.

Realizzazione grafica: MediaSarbacane   ISBN: 978-88-96715-61-1   © Assimil Italia 2018

Titolo dell'opera originale:
Cahier d'exercices Chinois - Faux-débutants   © Assimil France 2015   Stampato in Italia - Agosto 2018
Stamperia Artistica Nazionale S.p.A. - Trofarello (TO)